フェミニズム魂

村瀬ひろみ

海鳥社

フェミニズム魂◉目次

フェミな日常……9

フェミな身体……91

本への旅、本からの旅……159

1 フェミな日常

貧乏余ってタノシサ百倍

私の家には冷蔵庫がない。

大学入学と同時に購入した小型冷蔵庫が十一年目になってとうとう冷えなくなった。かわいそうだが廃棄処分。そのとき、ちょっといたずら心が起きて、冷蔵庫ナシでどのくらいやれるかやってみようという気持ちになった。必要だったらすぐ買えばいい。簡単なことだと最初は思った。たぶん、一週間くらいで音をあげることになるだろう。

そのまま、必要だったら買うかなあと、電気屋の冷蔵庫の値段はチェックしているが、あっと言う間に二年たってしまった。今年の夏も暑かったので、「冷たいビールが飲みたい！」という欲望こそわきおこったものの、まあ、普通に過ごして食中毒もなかったし食べ物を腐らせることもほとんどなかった。ほとんど……というのは、納豆を室温三十一度で一日放置していたら、やわらかーくなっていて、食べたら腹が下ったことが一度あるので……。

冷蔵庫なしでもいけるじゃん？　という自覚が出てきたのは、一年目の暑い暑い夏が終わってからだ。

保育園のお迎えの帰りに寄るスーパーマーケットでその日と次の日の朝の食材を買う。一晩越す食材は、パンや野菜という腐りにくいもの。腐るものは、買ってからすぐに食べる。幸い、いまごろはスーパーの食材も小分けになっているので、少々割高だがそれを買うことになる。電気代はぐぐっと減って、三分の二になった。あの旧式の冷蔵庫がいかに電気を食っていたかわかる。冷蔵庫なしは、エコにもよい。要らない電気をリストラしていけば、原子力発電所を作らなくてすむかもしれないし、熱の排出を抑えて地球温暖化を少しは遅らせることができるかもしれない。キッチンの電気製品は、地球環境にもつながっている。

それに、夜静かになった。冷蔵庫の音というのは、常に部屋中を満たしていてあまり気持ちのよいものではないということが、はじめてわかった。冷蔵庫があるときには、気づかなかったことである。

料理は乾物をよく使う。基本的に一食分しか作らない。足りないのは困るが、余るのはもっと困る。冷蔵庫がない当初は、少々余っていた料理も、数カ月で慣れて余らない分量がわかってきた。一汁一菜の簡素な食事だが、それならば冷蔵庫がなくても別段困らないのである。いま、もし冷蔵庫があったらなにを入れようかと悩んでしまいそうだ。

たとえば、マヨネーズ、ケチャップ、バター。マヨネーズもケチャップも、小分けの小さな袋が売っている。それならば常温保存が可能である。よく買い忘れて切らすのだが、それもまたヨシ。マヨネーズやケチャップのない日があったっていいのである。バターやマーガリンだけは、夏は手も足も出ないが、そのくらいは不便でないとなんだか申し訳ない。牛乳だって、スキムミルクという便利なものがあるし、井戸水なので冷たい水には事欠かない。

冷蔵庫なしの生活を満喫していて、驚いたことがある。

小さい子どもがいるのに、冷蔵庫がないなんて信じられない、かわいそうに、中古なら安いよ、買いなさいよ、と親切から言ってくれる人の多いこと、多いこと。

冷やした冷蔵庫の麦茶もいいが、冷たい井戸水もいいし、冷蔵庫にしまった野菜の味噌汁よりも、庭先で作っている野菜をその場でちょっと摘んで入れた味噌汁のほうが美味しいのではないかと思う。そういうと、相手はきょとんとした顔になる。

フェミだから冷蔵庫ないの？ と聞いた友人もいる。フェミと冷蔵庫は関係ないよ、とそのときは答えていたが、案外関係があるのかもしれない。というのも、簡素な一汁一菜の食卓にしてから、私の家事負担は減ったからだ。

家電製品の普及が、家事労働を楽にしたという神話がある。そう。神話だ。*

確かに電気洗濯機のおかげで、洗濯は楽になったが、しょっちゅう着替えるようになって、干して畳む手間を考えると、総じて労働が減ったかというと、それほどでもない。掃除にも同じようなことが言える。料理も、冷蔵庫をはじめとする家電が家事労働を減らしたかのように見えるのだけど、実際は、家庭での手の込んだ料理が増えて、女性の家事負担はちっとも減っていないのではないか。田舎へ出かけて、おばあちゃんたちに昔の食卓をうかがうと、実に簡素きわまりない。ごはん、お漬物、汁物、煮物。このメニューがハレの日（盆や正月、結婚式などのお祝い事のある日）以外はずーっと続く。カボチャが採れれば、カボチャの煮物が続く。大根が採れれば、大根の煮物。一日三十品目を食べなさいという健康法があるというが、そんなものはクソクラエ。我らが偉大なる先祖は、お殿様や大商人でもない限り、このような食生活をしてきたのだ。

それを考えると、いかにいまの日本の食卓が豊かかわかる。その豊かさを支えているのは、女性の家事労働である。それが好きな人はやればいい。私はやらない。食卓に数品の料理（肉、魚の料理を含む）をならべなさいというのは、資本主義や健康主義の大いなるワナでもある。それと同時に、女を忙しくさせ、キッチンに縛りつけようという家父長制のワナではないか。私は料理は嫌いではないが、特別の日のために腕はとっておこうと思う。日常では、私は祖先と同じ簡素な食事をならべ、余った時間を自分のために使うのだ。

そう考えると、冷蔵庫なしの簡単料理の日々は、これはかなりフェミな生活なのかな？と、そう思わないでもない。

＊　人類学者の梅棹忠夫は次のように言う。現代サラリーマンの家庭の「夫＝働く人」「妻＝家で家事一般をする人」というシステムは、武家の家庭形態を模したものであり、封建武士の家庭が現代サラリーマン家庭の原型となったと。農家や商家での「家族全員が労働団」としてのあり方でなく、妻自身はなにも生産せず、「内助の功」によって夫を支える、そんな家庭のあり方が現代家庭の基本となった。しかし、梅棹忠夫は続けて怖いことを言う。武士の妻が直接に生産労働に従事していないことは立場の弱さにつながる。その弱い立場を強くするために、家事労働が発明されたというのである。妻が、自身の有用性を証明するために、事細かなさまざまな家事労働が作られたというのである。

だから、家電製品の普及によって家事労働が減るということは、妻の危機である。梅棹はお料理番組の人気の高さが証明する料理熱や、洋裁などの技術は、「擬装労働」だとまで言ってしまう。本来は必要不可欠ではない労働であるが、それを必要な労働だということで、妻の家事労働を複雑な高い価値のあるものにみせる「擬装」が行われているというのだ。

この説がはじめて掲載されたのは、一九五九年の『婦人公論』であるが、「妻であることをやめよ」とした結論を含め、いっこうに内容は古びていない。〈封建武士＝サラリーマン〉型の家庭の行き詰まりを見事に言い当てていて、何度読んでもハッとさせられる。

梅棹忠夫「妻無用論」（上野千鶴子編『主婦論争を読むⅠ』〔勁草書房、一九八二年〕所収）

ある日の晩ごはん♡
これは白菜のつもり。
おかず
（野菜いため
など多々）
うめぼし
一汁一菜
みそシナ
（あげ＋とうふ
＋野菜）
だいたいこんなのです。
手抜き？・やっぱり
料理苦手かもしれない・
ごはんは、五分づきくらいが
おいしいです。
プラス梅干
とからっきょう
など…
たまに納豆…。
でも
あさごはんは… もっと手抜き〜
朝はゾンビです
でも、
おかーさん
料理上手！
この目玉焼
おいしいよっ！
と言ってくれる
娘…
ありがとう…
ココアが
大好き
ニャ
冬はマーガリン
夏ははちみつ
ピーナッツバター
ココア
（とかす
だけ）
トースト♡
（焼くだけ）
手づくり
目玉焼
（割って焼くだけ）
最近は、これにヨーグルトが入るのだ！
よく使う調理器具
いかに
手を抜くかに
重点があります
保温なべ
カレーや
シチューにとっても
便利!!
真空になっていて
熱をにがさなーい。
（要は魔法ビンですネ。）
これで毎日
ごはんを炊き
ます。
圧力ナベも重宝します。
豆料理がカンタン
すぐできる。
安いすじ肉もすぐ
トロトロに！

アフリカのご馳走!

実は、私は観光旅行が苦手である。人混みが嫌いで乗物に酔いやすいということもあるのだが、観光客のノリについていけないというのも理由の一つだ。観光といえば、美味しいものとお土産だと思っている観光客たち。

だから、私は「アフリカに滞在していた」というだけで、必ず聞かれる。「どんなご馳走を食べましたか?」とか、ひどい人になると「アフリカなんて貧しいからなにもないんじゃないの?」とか。

アフリカにだって、ご馳走というかぜいたくな食事はある。が、それは数カ月に一度食べられるかどうかという代物だったり、なにか特別なことが起こったときに食べるものだったりする。私が滞在していたケニア北西部の牧畜民たちのご馳走は、ヤギだ。ヤギを頭の先から足の先まで食べる。血も砂糖を入れて、水で薄めて皆で分け合って飲む。肉は焼いて、頭とか内臓は鍋でぐつぐつと煮込む。塩などの調味料を調理に使わないので物足りなく思えるが、そんなことはない。砂漠のヤギは臭みがなくとても美味い。儀式のとき、肉を分けるのは男の役目なので、私たち女は火を囲みナイフを片手に自分に肉がまわってくるのを、わいわいとおしゃべりをしながらしゃがみ込んで待つのだ。

もちろん、お金持ちの日本人ならヤギを買ってご馳走を毎日食べ続けることだって可能だ。一頭たかだか数千円くらいだからだ。しかし、理由もなくヤギを屠《ほふ》るのは後ろめたい。それに毎日食べれば、それはご馳走でもなんでもない。

そのケニア滞在でよく食べたのが、小麦粉を水で溶いて焼いたムカテ（スワヒリ語でパン）だ。近隣の難民キャンプの人たちが「虫がついてしまって食べられない」という傷んだ小麦粉を、村の女たちはもらってくる。それをふるいにかけて虫を除き、少し砂糖を入れ水で溶き焼く。焼けるのを子どもたちがじっと目を凝らして待っている。最初にありつけるのは誰か、自分の分はあるのだろうか。いつもお腹をすかしている子どもたちにとって、ムカテは文字どおり垂涎のまとだ。

確かに、きらびやかなご馳走とはあまり縁のない世界かもしれない。実際、二十年程前にかの地を襲った大旱魃が彼らの生活をいまだに脅かしているという。彼らが普段口にする食べ物は、ＮＧＯが配る援助物資。シンガポール産の油やら、砂糖やら、小麦粉。それから、日本では家畜のエサでしかお目にかからないような硬い硬い大きな粒のトウモロコシ。しかし、彼らは実に美味そうに食べる。はじめはおそるおそる食べていた私だが、美味そうに食べる彼らにつられていつの間にか美味しいと思うようになっていた。

「私はムカテが大好き。私のあだ名をつけるなら、ムカテ好きとつけてね」と大声で歌いながら、おばさんが地面に座り込んでムカテを焼く。火の周りには、おばさんの子どもだけじゃなく、近隣の子どもがじっと見とれている。全員にまわるとは限らない。運良くまわってきたら、慌てて飲み込む子ども、自分より年少の子に分けてやるおねえさん。食事の一瞬一瞬がドラマであり、そして皆、食べ物を大切に食べる。

日本に帰ってきて一番驚いたのは、子どもが喜んでご飯を食べないことだった。ぐずぐずとむずかって食べない。もういらないと言ってほうり出す。レストランで子ども連れの人たちが席を立ったあとには、残飯の山。レストランで供される食べ物はいわゆる「ご馳走」なのだが、それすらも食べ残してしまう日本人にびっくりしてしまった。いやいや、思えば自分もちょっと前までは日本で日本人をしていたのにと苦笑いしてしまう。

どこの世界でも、食事の支度は女の仕事であることが多いが、それは、授乳やひいては育児が女の仕事とされていることが遠因だろう。こと授乳に関しては、母乳栄養の場合は子どもは「ボク食べる人」、母親は「私作る人」である以外にない。家事を放棄したくなるときがあって

ムカテスペシャル♡

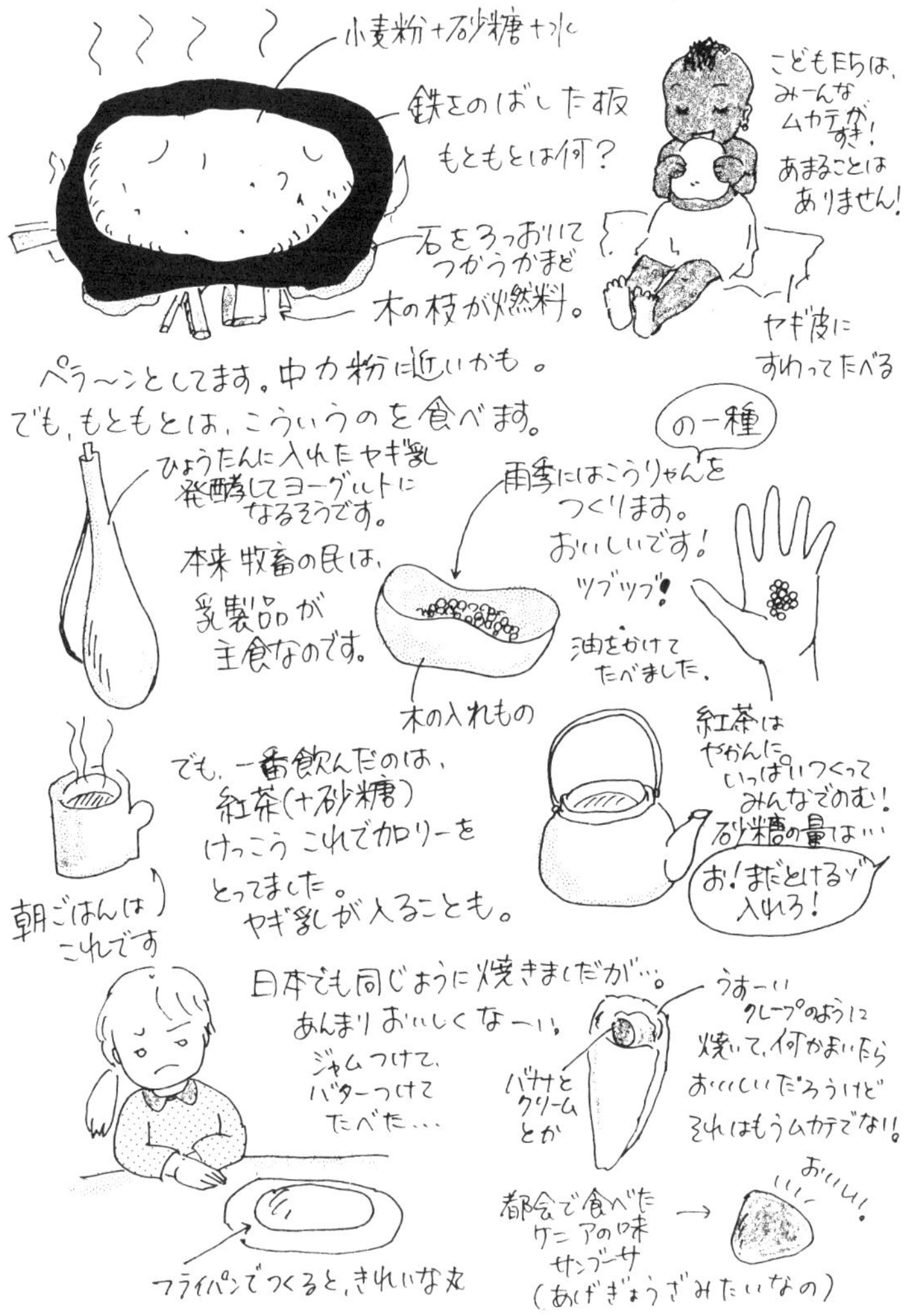
小麦粉＋砂糖＋水
鉄をのばした板
もともとは何？
石を3つおいてつかうかまど
木の枝が燃料。
こどもたちは、みーんなムカテがすき！あまることはありません！
ヤギ皮にすわってたべる
ペラ〜ンとしてます。中力粉に近いかも。
でも、もともとは、こういうのを食べます。
ひょうたんに入れたヤギ乳
発酵してヨーグルトになるそうです。
本来牧畜の民は、乳製品が主食なのです。
雨季にはこうりゃんをつくります。
(の一種)
おいしいです！
ツブツブ！
油をかけてたべました。
木の入れもの
でも、一番飲んだのは、紅茶(＋砂糖)
けっこうこれでカロリーをとってました。
ヤギ乳が入ることも。
朝ごはんはこれです
紅茶はやかんにいっぱいつくってみんなでのむ！
砂糖の量は…
お！まだとけるゾ入れろ！
日本でも同じように焼きましたが…。
あんまりおいしくなーい。
ジャムつけて、バターつけてたべた…
フライパンでつくると、きれいな丸
うおーい
クレープのように焼いて、何かまいたらおいしいだろうけどそれはもうムカテでない！
バナナとクリームとか
都会で食べたケニアの味サンブーサ
(あげぎょうざみたいなの)
おいしい！

も、母乳の場合は放棄できない。母乳放棄は即、赤ん坊の命に関わるからだ。放棄できない仕事とは、これまたなんて大変なんだろうと思う*。

でも、私は料理が嫌いではない。凝ったものは作らないが、食べてくれる人がいると、がぜんやる気になるほうだ。そして、喜んで食べてもらえると、嬉しいものだ。一汁一菜の簡素な食事を心がけている私が料理好きだとは誰も信じてはくれないのだが。

いまでも、一人のとき、お腹がすいて心が落ち込んだときケニアの砂漠を思い出しながら、「ムカテスペシャル」を作る。小麦粉と砂糖を水で溶いて焼いただけのホットケーキは、砂漠で食べるのと違ってなんとも味気ない。こっそりジャムをつけたりするが、美味しいものではない。砂漠で、おばさんや子どもたちと一緒にいたときはあんなに美味しかったのに。その落差を噛みしめながら、もそもそと食べる。

状況や人間関係が美味しいものをつくるのだろう。同じものでも、不思議なくらいにまったく味が違う。それは経済的な豊かさや貧しさとは関係がない。人間関係の豊かさに関係があるのではないか。美味しいものは、遠くにあるものではない。

それでも美味を求めて旅に出てしまう、観光客の主流をしめる日本のお母さんたち。食べることや食べ物を作ることに疲れているのだろうか。

本当に美味しいものは、すごく近くにもあるかもしれない。気晴らしに観光もよいが、疲れない無理をしない人間関係を作ってその中でゆっくりと食べることが、案外美味しいものを食べるための秘訣なのかもしれない。

＊　たしかに母乳育児は放棄できない（日本では人工乳による哺育に切り替えることもできるが）。これは大変な仕事だが、見返りは十分ある。自分の乳だけで、ぐんぐんと大きくなる赤ん坊を眺めることは、それだけで十分な報酬だ。授乳の充実した時間は、放棄したい仕事ではなかった。ただ、冬に寝巻をまくり上げて授乳していると、寒くて風邪をひきやすい。それだけがちょっと辛かった。

「ガクモン」の役割

ガクモンとは、なにか？

そう問われると、実は恥ずかしながら私にもよくわからない。学生を長くやっている私であるが、こんな簡単な質問にもきゅうきゅうしてしまう。特に、文系のガクモンは、飯の種になりにくい。理系のガクモンは、上手に静脈注射が打てるように練習したり、レントゲンで映し出された白黒の写真の意味を理解したり……とそれはそれは、実務的なものが多い。文系のガクモンは、多少の実務（外国語や統計処理）はあるのだが、ではなんのため？ と突っ込まれると、うーんとうなってしまう。人間を知るためのガクモンと言われると、生きること、すなわち日々是ガクモンでございますと言いたくなる。

私が獣医学から人類学に移ったときも、同じ問いが頭にぐるぐるしていた。人類学って、なに？ なんの役にたつの？

その人類学を大きく特徴づけるものに、「フィールドワーク」という方法論がある。フィールドワークは野外調査とも訳されるが、調査対象の文化の中で一緒に生活し、身も心もすっかり没入して、対象文化を内面から理解しようとすることが真髄である。

人類学者の端くれとして、フィールドワークなどをしていると、「嫁に来ないか」と冗談まじりに言われることは少なくない。アフリカのサバンナで、純朴そうな青年に「お前の父親には牛を何頭くらい送ればいいのか」と、日本でいうところの結納金をしつこく聞かれたこともある。日本でも「そんなに島が好きなら、こっちに住めばいいのに」と遠回しに結婚を勧められることもある。

そして、私にとって、それらは決して不愉快なことではなかった。実はそのときこそが、まさにこの私にとって、異文化が立ち現れている瞬間なのであるから。そこに、人類学者はおもしろ味を感じるものなのだ。

「結婚しないの?」、「子どもはまだなの?」といった立ち入った質問を女性に対して発することは、都会ではタブーのようになっている。が、農山村や漁村では少し親しくなると、必ずといってよいほど出てくる質問だ。

結婚してはじめて女は一人前、女が子どもを産むのは当たり前……の社会がそこにはある。都会だって実は一皮めくればそこにある意識はたいして変わらないだろうと思う。タブーにするほど、たいへんなことだろうか、タブーにすればするほど逆に「女は結婚するべきだ」という考えを後押ししないだろうか。

結婚や子産みが特別に扱われる社会でこそ、結婚や子産みについての質問はタブーとされるのではないだろうか。もし、その質問で誰も傷ついたりしなければ、そして、皆が女も男も結婚してもいいししなくてもいい、子どもを持っていてもいいしそうでなくてもよいと思っているのならば、タブーとなることもない。

裏を返せば、この手の質問は女性を傷つけるという「当たり前」が、都会には、はびこっている。

私がフィールドから学んだことは、あなたの「当たり前」（異文化）を通じて、私の「当たり前」について深く考えるということであった。つまり、人類学とは「当たり前」を問う学問でもあったのだ。知らない国に行って、友だちを作ってくるだけではないのだ（それも重要なことではあるが）。あなたにとっての「当たり前」と私にとっての「当たり前」は違う、そこから私の「当たり前」とあなたの「当たり前」を問い直すことができる、そんな学問である。

人類学においては、「あなた」がアフリカだったり、過疎地域だったり農漁村だったりすることが多い。

もちろん、地域や民族だけが「当たり前」を決めるのではない。価値観が多様化した現代社会では「当たり前」の触れ幅は大きくなってきている。とはいえ、まだまだ身体に関する規範は厳として存在しているような気がする。

というのも、私はブラジャーが嫌いだ。パンストが嫌いだ。いわゆるパンプスが嫌いだ。総じて身体を締めつける苦しい衣服が嫌いだ。オトコだって、窮屈な背広に身を縮めているんだから、男も女も平等に窮屈な服を着ろよ、というのはナシだ。悪いことまでオトコの真似をする必要はないし、第一、ブラジャーのあの暑苦しいことといったらオトコには想像できないかもしれない。一部を覆うだけではなく、身体を締めつけて、一つの「理想的な形」に身体を押し込むのだから。

ブラジャーは、あまりに当たり前になっているから、女同士の話題の中で「外してごらんよ、涼しいよ」と言うと、相手は目をまん丸くする。そして、おそるおそる私に「いまは、ノーブラ、なの？」と聞く人もいる。

そんなにノーブラが珍しいかい？　と私は笑うほかない。

しかし、よくよく考えてみれば、ブラジャーが当たり前となったのは、つい近年のことである。ブラジャーをすることが当たり前ではなかった時代から、当たり前の時代へ。私たちは、そのまま日本の中で、異文化を横断してきているのであるが、ブラジャーが当たり前になってしまったいまとなっては、誰の目にもノーブラの女性は奇異に見えるらしい。

「当たり前」がどうして作られるのか、どのように作られるのか――を経時的に見ていけば、それは歴史学となるし、空間を超えて見るならば、人類学となる。時間と空間で住み分けてはいるものの、歴史学と人類学は同じガクモンとしての問題意識を共有していると私には思えてしかたがない。

ブラジャーではないが、一つの「当たり前」について、歴史の視点から謎解きをしたものがある。『ウェディングドレスはなぜ白いのか』*は、当たり前とされている純白の花嫁衣装のルーツを探り、ヴィクトリア朝のイギリスで白い花嫁衣装が確立していく過程と、白い衣装がもともと持っていた意味を解き明かしていく。

いまは、人類学からも遠ざかってしまったが、「当たり前」を疑ってかかる癖は幸い抜けていない。「当たり前」を「当たり前」と無思考で通りすぎていくとき、見落とされてしまうものが、必ずある。そして、見落とされるものの中にこそ、重要な声が含まれている。

ブラジャー一つ、花嫁衣装一つとっても、そこに意味があり、私たちが生きる世界の一部をなす。ブラジャーを考えることは、ガクモンの要であり、世界を問い直す試みでもある。

＊ 坂井妙子『ウェディングドレスはなぜ白いのか』勁草書房、一九九七年

大いなる猥談

「セクハラってなんですか?」と、中年のおじさんによく聞かれる。

私が、女性学を勉強してますとか、フェミニズムやってますとか言うからだろうか。少し親しくなると、不満をぶつけるように「セクハラってわからん」と言われることもとても多い。

そういうときは、「へえ、どこがわかりませんか?」と聞くことにしている。が、おじさんたちの不満は、実は私にはよくわかっているのだ。好きな(格好いい)男に同じことを言われてもセクハラじゃないのに、そうじゃない男が服をほめたくらいでセクハラだと言われたらかなわん、同じ肩を叩くのでも、セクハラとそうじゃないのがあるのはわからん——とまあ、こんな具合である。エッチな気持ちで声をかけたわけじゃないのに、勝手に勘ぐられてセクハラにされたんじゃかなわんなあ——というおじさんたちの悩みは深刻だ。

もっとも、セクハラというのはちょっとしたレベルのものから、深刻なレイプや暴力を含むものまでさまざまだ。だから、セクハラくらいで目くじらたてなくても……と思うむきにはちょっと待ったと言いたい。実際に裁判になっている事例は、数年にわたって地位を利用してセックスを強要してきたなど悪質でひどい事件が多い。

「レイプが悪いのはわかるよ。でも、ちょっとした親愛表現である冗談とかまでセクハラって言われてもなあ」。おじさんたちが悩むのは、「親愛表現」だと思った性的な冗談や猥談が、職場の女性に通用しないときだ。通用しないばかりか、「セクハラでしょ」と言われてへこむわけである。一方、女性たちは、その冗談や猥談が「親愛表現」であるという文化をおじさんと共有できないでいる。公的な職場などでの性的な冗談は、はっきりと不快であり、嫌がらせだと思っていることが多い。

本当は、女性にセクハラだと受け取られてしまうのは、女性との関係や距離がおじさんにわかっていないからだ。性的な冗談を「親愛表現」とする文化が通じる相手かどうか。相手がどんな人でどんな文化を背負っていて、どんな感性を持っているのか、注意深く観察すれば、「セクハラだ」と糾弾されるようなヘマはしないはずだ。だから、セクハラだと言われたらおじさんたちは反省してほしい。

しかし、そんな悩めるおじさんたちが持っている文化は、（皆が皆そうではないが）「性的なもの」＝「大らかで、喜ばしいもの」だというイメージで語られる文化でもある。隠され、商品としてだけ日の目を浴びる現代の性の文化とは非常に異なる文化が、そこにはあるのではないだろうか。

少し考えてみると、日本の性をめぐる文化は、ここ数世代で激変してきた。村の古老たちに話を伺うと、せいぜい五、六十年くらいで大変動が起こってきたのがわかる。

私が聞いた話では、中国山地の山あいの村々では、単調で辛い田植えの作業中に歌う猥歌があったという。バレ歌と呼ばれるもので、かなりきわどい卑猥な色気の多い労働歌が、女性を中心に歌われていた。厳しい労働の中で年長の女性が音頭をとり、皆で歌ってはどっと笑ったり、活力を得ていたそうだ。

この風習も昭和四十年代に入って、農機具が普及し、村単位の共同作業がなくなっていくともに廃《すた》れたという。そして、その前後に生まれた私の世代の女性たちにとっては、それらの風習はおろか、女性が猥談をする、猥歌を歌うということすら眉をひそめることになってしまった。

また、炭鉱でもきつい労働をまぎらせるために、女性たちも一緒になって猥歌を歌っていたという話を聞いたことがある。炭鉱では女性たちも、上半身裸のまさに「裸一貫」。このセミヌードで歌われる猥歌が「セクハラ」であったとは思えないし、彼女たちも強制されて歌っていたわけではない。性的なことを表出することが、力を得ることであり、共同意識を強めることだったのだ。

いま、私たちが生きる日本社会では、公の場での性的な冗談や猥談、猥歌を他人と楽しむ文化は消えてしまったようにみえる。

現在、猥談や猥歌がなくなって、その代わりに性的な情報や楽しみをもたらすものは、アダルトビデオ（ＡＶ）などの性産業である。しかし、ＡＶは、一人で見るモノ。もしくは二人で（？）、こっそり私的に見る。

わいわいと、男女交えて大勢でということはないだろう。そこには、密室に囲いこまれて商品となった性があるだけで、猥談の持つ人間関係を豊かに取り持つ力や、猥歌の大らかな力は存在しない[1]。

実は、私は猥談が大好きである。しかし、残念ながら気持ちよく猥談ができる相手となかなか巡り会わない。下心があると思われて警戒されたり（逆に期待されたり）、女のくせにはしたないと軽蔑されたり。

そんな中で、その名もずばり『猥談[2]』という本に出合った。一九〇九年生まれの赤松翁が、戦前の関西の性風俗を自らの経験をも含め、縦横無尽に語り尽くす。赤松氏は二〇〇一年に九十一歳で大往生を遂げられた。

お互い楽しく、セクハラにならないで猥談ができるような関係を作れる文化があるといいなあと思う。赤松翁の戦前の話は、その一端をうかがわせるものだ。一人ひとりが豊かな人性をおくることができるような、商業主義に踊らされない性のあり方は、いまの日本では実に難しい。

性が手軽に売買されてしまうような世の中では、性は、分断された個人個人に商品として手渡される。そうではなくて、人と人との関係を豊かにする性は、もう望めないのだろうか。

（1）AVだって見るべきものを見ればおもしろいらしい。しかし、私はあのかつて異常なまでの存在感を放ったわき毛女優「黒木香」以降、AVを熱心に見ることはほとんどない。AVについては、『AV女優』（永沢光雄、文春文庫、一九九九年）が、AVに出演する女優さんたちの心の襞に沿うような丁寧なインタビューで、読みごたえがある。

（2）赤松啓介、上野千鶴子『猥談　近代日本の下半身』現代書館、一九九五年

わたしも、TVや、雑誌、ビデオでの
黒木さんしか知りません。
同じ女子大生なのに、
この違いはナニ!?と思ったものです。

おじょうさまで
AV女優。
アダルトビデオに
誇りをもっている。
夢はイタリア
留学。

あまり
似ていない
?

TV、雑誌に
ひっぱりだこ
でした。

私はこの人のあと
ワキ毛が
市民権を得ると
思っていたのですが
…

↑いつもおしゃれな
ノースリーブ。

学生時代の
ワタクシ

とうぜん
ノーメイク
寒いときは
ハンテンが
良いです
夏はTシャツ
+ジーパン

1年に1度
切る髪

…今とかわらんじゃーん!
(号泣)

彼女の自伝
『自堕落にもほどがある』(1987)
はもう手に入りませんが、名著です。

最後にお写真を
見たのは、
某女性誌で
正座している
おすがた
でした。

今は元気に
しておられますか?
80年代、
あなたのはたした
役割は大きいと
思います。
良し悪しは別として。

笑顔が
とってもチャーミング♡

黒木香サン

キレイになりたい⁉

一年と半年ぶりに髪の毛を切った。伸びるのが遅い私の髪も、さすがに肩を越えうっとうしくなってしまったのだ。さっさと切りに行けばいいのだが、どうも素直になれない。

私は外見にまるで自信がなかった。それなのに、化粧や美容院、女らしいスカートとはほとんど無縁でやってきた。もともとの顔は仕方がないとしても、いつも他人さまから言われることは「お化粧すればキレイになれるのに」とか、「もっとちゃんとした服着れば？」という情け容赦ないお言葉である。でも、私は昔から、化粧もおしゃれな髪型もほとんど縁がない。

いまとなっては、ある意味で確信犯的な私の外見は、もともとは全然別の動機から始まっていた。それは、ある有名な詩の一節が、まだ子どもだった私の心をとらえたことがきっかけだった。

をんなが附属品をだんだん捨てると
どうしてこんなにきれいになるのか

高村光太郎の『智恵子抄』[1]の中にある「あなたはだんだんきれいになる」という詩だ。

中学時代、高校時代と『智恵子抄』に憧れた私は、アクセサリーやファッションに熱中する同級生たちとは反対に、「附属品」をどんどん捨てた。試供品で送られてきた小さな口紅も、化粧の仕方のガイドブックも捨ててしまった。制服以外はジーンズとTシャツ、ズック靴で過ごした。

母は、女の子を産んだのになんてセイがないとため息をついていた。

それなのに、ついぞ私には「光太郎」は現れなかったのである。世間の男性は私よりずっと「附属品」のついている女の子に夢中になるものだ。そして『智恵子抄』への憧れを一緒に語った仲間たちまでもが、美しく変身していくさまを見るのは、心が痛んだ。一人取り残されてしまったという思いが私を悩ませた。

男の子たちの誰一人、「附属品」を捨てた女に見向きもしなかった。いつまでたっても素っピンで、自分で散髪し(届かないところは母に切ってもらったが)、なんの飾りもつけない私は智恵子と同じ。でも、男の子の視線はいつも、私を通り越して、隣のキレイな女の子に向かっていくのだった。

そんなときに私を助けてくれた本が、『女の首――逆光の「智恵子抄」』[2]である。光太郎は智恵子を愛したけれども、その愛は智恵子の主体性や、自己実現としての絵画制作を応援するものではなかったのではないかと、著者の黒澤は問う。あえて言うならば、光太郎が智恵子を狂気に追いやったのではないか、と。愛という名のもとに、智恵子の芸術への思いを抑圧したのだ。自らは、芸術への道を生き、妻を生活を統べる雑事へ囲いこんでいった光太郎。その雑事が智恵子を追い詰め、彼女は芸術への道を自ら放棄するのだった。そして、なによりも悲しいやりきれない気持ちになるのは、「私は何者か」わからなくなりつつある女を「きれい」とほめそやした光太郎のまなざしだ。自意識を失いそうになりながら、それでも現世へとつながりたくて、ときどき正気に戻った智恵子は、どんな思いだっただろうか。

私も危うく智恵子と同じ罠にはまるところだったのかもしれない。誰かに「きれい」と言って欲しい、私の「きれい」に誰か気づいてくれと心は叫びながら、外見はわざと無造作を取りつくろっていた。智恵子には自意識がなかったが、あり余るほどの自意識を持っていた私には、「私は何者か」という問いは常に心にあった。「私は何者か」というのっぴきならない自意識を抱えた小汚い女子高校生は、剣呑な存在であった。「附属品」の最たるものは、このやっかいな自意識であったのかもしれない。だとしたら、自意識を捨てることは私には不可能なことだった。

大学生になって、はじめて化粧をしてみた。パーマをかけてみた。周囲の対応が変わったことには笑ってしまったが、どこかに自信ができた。そして、同じように「附属品」を捨てて生きてきて、いまさら志を曲げられないという女子学生の友だちもできた。彼女たちは、一様に「女であること」に悩んでいた。

あるとき、その友人の一人と二人きりで化粧パーティをした。お互いの顔をいろいろいじって、大笑いをしたら、やっぱり外見にこだわる世間はどうしようもないし、そのどうしようもない世間に振り回されて悩むこともないのだという気持ちになったのだった。

もう、どうしようもない「光太郎」なんていらない。「光太郎」のごきげんうかがいは、やめにしよう。そう決意すると、気持ちが明るくなった。

私が「きれい」なのかどうかは、私が感じるのだ、他人に判断してもらうのではなくて、私が判断するのだと考えたときから、ふっと身体が軽くなった。それからは、おそるおそる化粧をしてみたり、ボディコンな服に身を包んでみたりして、自分にも「女装」が可能なことを確認したものだった。

女のくせに「女装」なんておかしな話だが、まさに気分は「女装」。必要があれば、いつでも「女装」できるという自信をつけた私は、同世代の女の子たちに対して、あまり引け目を感じなくなった（それでも、美容院と化粧とスカートは相変わらず苦手だが）。「女装」といえば、世にはそれを趣味としている男性が少なからず存在しているらしい。残念ながら、私はテレビや雑誌などのマスコミを通してしか知らないが、彼ら（彼女ら）は、私の半端な「女装」などよりずっと手の込んだことをしている。「女装」しても私は窮屈なピンヒールなんて決してはかないが、彼らはこともなげに全身を「女」という形に詰め込むのである。

彼らにとって「女装」は、「男」から一時的に緊急避難することであるという。そして、「男」でない自分に一時安らぐ。

では、私は？「女装」しなくても私は「女」のはずだ。でも、「女装」していないときの私は「女」としては失格だと言われているような気がしてしまう。きちんと「女装」する男性から見れば、私は手本にしたくない「女」の筆頭だろう。

「女装」する男性たちの見目かたちは、決して私の日常の姿には似ていない。彼らから「女」とはこういうモノである……という無言の圧力を、私は受けてしまう。

だから「女装」している男性に対して、私は気後れしてしまうのだ。

しかし、『男でもなく、女でもなく』(3)の著者蔦森樹は違った。彼を「女装」という文脈で語るのはとても失礼だとは思う。が、身長一八〇センチでタイトミニの似合う長髪の男性の物語は、『智恵子抄』に憧れてスカートや化粧を放棄して苦しんだ私とは、性別も経緯も異なるとはいえ、同じ結論に達したのではないか。

自分自身が一番気に入る格好でいなよ。自分の好きなようにしなよ。

女になりたいからではなく、「似合うから」スカートをはく著者近影は、目もとの涼しげなキレイな人だ。私が「女装」から身を遠ざけるより、この人がスカートをはいて化粧して世間に出ていくことの方が、どんなに辛かったろうかと思う。

きれいになりたい。

私だってそう思う。きっとどんな人だって、そう思うだろう。

ただ、それには温度差がある。お金をかけて時間と労力を膨大に投入して「きれいになる」のか、それとも外見にはあまり気を遣わず、他の価値にコストをかけるのか。

女と男で、その「きれいになる」ための要求されるコストが違う。女は「きれいになる」のが当たり前。だから「女装」といったら、きれいに着飾った女性の装いを意味するわけだ。こういう当たり前とされている考え方こそが、ダブルスタンダード（二重基準）といって、差別を作り出す仕組みなのだ。

男だって女だって、きれいになりたいと思えば、とことん努力したらいいし、そんなのいやだと思ったら手を抜いたらいいわけだ。

それなのに、女が手を抜くと世間から変人と言われ、男がきれいになろうと努力し着飾ると変人と言われる。

同じ変人同士なんだから「女装」の男たちに、一つお願いがある。女にもいろいろいることを認めて、そろそろ、「女装」という言葉を別の言葉にしてほしいなと思う。私も「女装」という言葉を使ってきたが、いまこそ変えよう。

「美女装」とか、「派手女装」とか「社交的美人装」とか（ボキャブラリーが貧困なので、あまりよい言葉が浮かばない）。

そしたら、蔦森さんには負けるけど、たまには私も素直に「美女装」をしてみようかな、などと思うのであった。

（1）高村光太郎『智恵子抄』新潮文庫（初版は一九四一年、龍星閣）
（2）黒澤亜里子『女の首――逆光の「智恵子抄」』ドメス出版、一九八五年
（3）蔦森樹『男でもなく、女でもなく』勁草書房、一九九三年

スカート考

若者たちの間では、ユニセックスな服装は定着した感がある。ユニセックスな服とは、つまり男も女もない服のことである。

たしかに、大学生たちの服装で、もっとも多いのがジーパン。男女を問わない。長い脚に格好よくジーパンを着こなして、ちょっと髪の毛にカラーを入れ、ついでに眉のお手入れもしているのが今どきの学生。男子学生にとっても、髪の毛や眉のお手入れは日常茶飯事である。

この私もほとんどジーパンである。スカートをはくのは、数年に一度くらいか。

ちょっと視点を変えてみると、ユニセックスとは男装のことなのかと一瞬思う。なぜなら、それは、女の子がズボンをはくことであって、男の子がスカートをはくことではないからである。なぜなんだろうか。

その答は、男性と女性の「権力構造」にある……と私は思う。男性が上位の社会では、女性が男性の真似をすることは、当たり前の行動として受容される。身分が上の人の模倣は、格好いいのだ。逆に女性の真似をすることは「上位の人間が下位の人間の真似をする」ということだから、バカにされこっけいなこととされる。だから、女装を嘲笑する人は、この性差別社会を象徴している。

もっとも、私がスカートをはかない理由はそれではない。男性に憧れているわけでもない。端的に動きにくいという理由からだ。裾を気にしたり、膝小僧がどう見られているかに注意したりするのは、めんどうである。私は、「女の子だったら、膝と膝をつけて座りなさい」と厳しく躾けられたものだ。活動的に見える（見えるだけで、実際はそうでもないが）ミニスカートが好きで何枚も持っているが、気苦労の多さに結局普段着としては役立たずとなっている。

夏などはスカートのほうが涼しいので、娘に着せようとしたら、コレが失敗だった。というのも、義務となっているチャイルドシートは股の部分に肩からのベルトを留める部分が出ている。どうにもこうにも、スカートをまくり上げないと、チャイルドシートのベルトをすることができない。まくれたスカートから、にょきにょきと伸びた脚はなんだかみっともないし、スカートはしわだらけになってしまうので、娘もほとんどズボンばかりになってしまった。というわけで、私のまわりにはほとんどスカートというものが、ない。

スカートをはいてくれればよかった……と心底思ったことが、一度だけある。ケニアのへき地で、バスを乗り継いでさらなる奥地へと向かっていたときのことだ。朝乗って、夕方到着する。途中の山道でバスが停まり、わらわらと人が降りる。お前も行くだろうという感じで、オバサンが合い図を送ってくる。何がなんだかわからないまま、オバサンたちの集団にまざって下車した。ちょっと道からはずれると、そこではなんとオバサンたちが皆で用を足していた。そういえば、オジサンたちは、道の反対側へ行ったっけ。

こういうとき、スカートは便利だ。パンツを下ろして、しゃがみ込んでしまえば、スカートに隠れてそんなに恥ずかしくない。ズボンの私はより奥の木陰を探さなくてはならなかった。野外の用足しには、スカートは持ってこいなのである。だから、私は、旅行のときはスカートを一着は放り込んで行く。フレアの長いやつを。

そういえば、最近女装のタレントさんも目につく。

たとえば、「慎吾ママ」である。ＳＭＡＰの香取慎吾クンが、ピンクの水玉ワンピースとふりふりの白いエプロン姿で大活躍する。忙しいお母さんに代わってお弁当と朝ご飯を作り家族を送り出す。「おはロック」の人だというと、わかるかもしれない。

とにかく、最初は大柄で筋肉質の香取クンの女装が迫力満点、コミカルで笑わせてもらったのだが、最近はすっかり板について違和感がない。本人もケロリと楽しんでいる感がある。性差別のない社会では、女装が笑われることもないはずだ。

ただ、気になるのは、女装をした慎吾ママは本当にかいがいしく家族のためにくるくると立ち働くことだ。従来の性別役割分担までも引き受けてしまう慎吾ママ。ママであることを、スカートをはき家事をすることとイコールにしてしまったのは、ちょっと見ていて落ち着かない。私は「ママ」でもあるが、スカートもはかないし家事も手抜き三昧。

香取クン、私はママ失格ですかね？ と見るたび苦笑している。

女の子も主人公になる日

　なにげなくつけたラジオの「夏休み子ども電話相談室」で、女の子の声がゲームについての質問ですと言った。小学校高学年くらいだろうか。その子の質問は、「どうしてゲームには、女の子が主人公のものが少ないのか」、「女の子向けのゲームがあまりないのか」だったと思う。内容を深く覚えていないのは、そのあとの大人たちの一瞬の沈黙と、お気楽な答の落差に愕然としていたからだ。

「それはね、作る人に女の人が少ないからだよ。君が大きくなったら、ゲームを作る人になればいい。そしたら、女の子向けのゲームができるだろう」

　一面の真実ではある。でも、考えてみれば、どうしてゲームを作る人に女性が少ないのか、という理由はわからないままだし、たとえ作り手が女性でなくても、女の子向けのものが作れることは無視されている。男でも女の子の好きなゲームは作れるし、女にも男の子の好きなゲームは作れる。たとえば、黎明期の少女マンガがそうだ。赤塚不二夫や手塚治虫、横山光輝などのそうそうたるメンバーが少女マンガの黎明期を支えてきたのだから。

相談した女の子は、わかったような、わからないような小さな「はい」という答を残して電話を切った。もし、私がいまの子どもだったら、この女の子のような想いを持つだろうと思う。おもしろい傑作ゲームも圧倒的に男の子が主人公であることが多いからだ。

さて、子どもたちに人気のポケットモンスター(通称ポケモン)のゲームについてはどうだろうか。

ポケモンのゲームは、いろいろな人が評価しているが、本当になかなかよくできている。[1]草むらや河原を探索し、珍しい生き物(=ポケモン)を探して歩く子どもの視線が生きたゲームだ。いつ、どこからポケモンが飛び出してくるかわからない。おたまじゃくしやメダカによく似たポケモンを探して、主人公は川を探る。そして、森や草原、湖や川、町や洞窟、建物の中を探索する。

最初は小学校低学年の男の子を中心に火がついたゲームだが、じょじょに女の子にも浸透していった。知り合いの子どもたちに、「いいよー、おもしろいよ」と勧められ、テレビのアニメ化もあって、私もゲームに挑戦した。実際にゲームに接すると、ポケモンが実によくできていて、たしかに子どものころの草むら探索のどきどきが蘇るような気がする。河原で一日、ど、んこと呼んだ小さな黒い魚を捕るのに夢中になった小学生のころを思い出す。

しかし、一つだけ、どうしても気になってしまうことは、やっぱり主人公が男の子ということだ。名前は自由に設定できて自分の名前を入れることができるけど、性別は男。ゲーム自体はおもしろいのだが、なにかずーっと気にかかってしまっていた。

女の子は、世界が男の子中心にできていることを、ゲームでも思い知らされてきた。ポケモンでは、「これぞ男の子」「男の子ならでは」という描写は少なくて、女の子でも比較的すんなり物語に入り込めるのだが、やっぱり細かいところで、「あ、主人公は男の子だったんだ」と思わされてしまう。

赤、緑、青、黄色、金、銀、とバージョンがあるポケモンでは、いままで、すべて男の子が主人公だった。

しかし、最新のバージョン[2]、ポケモンクリスタルでは、はじめて女の子も主人公になったという。ゲームボーイカラーをまだ持っていない私は、買っても仕方がないしまだ遊べていないのだが、周りの小学生たちはクリスマスやお年玉でどんどん買って、どんどん遊んでいた。

「おばちゃん、クリスタルしちょらんの？　おもしろいよ」と小学四年生のなっちゃんに言われて聞き返す。そうよね、クリスタルは、ポケモンではじめて女の子が主人公になれるんだもんね、と私がうなずくと「なんで知っちょるん？」と、目を丸くしている。なっちゃんの顔は、ちょっと嬉しそうだ。

　男の子たちも、クリスタルで遊んでいた。「女の子も主人公になれるんよね、知ってた？　変な感じする？」と聞くと、「知っちょるよ。ぜんぜん、気にならん」という答。

　昔話のお姫さまみたいに、王子さまに助けてもらって、女の子は生きていく？　そんなのは、いやだ。そうじゃなくて、自分の足で立って、世界に飛び出していく女の子の物語がいい。そんな物語は、日本製のアニメを除けば実は意外に少ない。ディズニーアニメなどで、女が主人公のものも確かにあるのだけど、それらは、日本のアニメの影響下にあることは明らかである し、女も戦えば男女平等だなんてことはなくて、女が主人公でもフェミニズムの思想とは相入れない映画もたくさんある（たとえば、『G・I・ジェーン』[3]だって、女が主人公で男と対等にがんばるお話だが、あれはフェミニズムだろうか？　女性も戦争で戦って、お国のために人殺しをすることが男女平等だろうか）。

　いつも助けられる弱々しいお姫さまの物語に対するアンチテーゼとして作られた童話の古典がある。イギリスのフェミニストたちが作った『アリーテ姫の冒険』という女の子たちのための童話である。知恵と勇気でアリーテ姫は困難を乗り越えていくのだけど、アリーテ姫は孤独だ。自然を唯一の友とする。父王をはじめ、男たちはみな無能で強欲。男なんていなくてもやっていけるけど、心を通わせることができる人が、男の人の中にいたっていい。そう思って、

なんだか寂しい気持ちになった童話だった。(4)

なっちゃんは、わいわいと同級生の男の子たちを交えて攻略法を話しながら、女の子が主人公のポケモンを楽しんでいた。男の子たちも「女も主人公の世界」を違和感なく受け止めていて、楽しんで遊んでいる。

昔女の子のおばさんには、羨ましい光景だったりする。

なっちゃんが大きくなるころには、男と女の両方が主人公の社会がくるのだろうか。

ラジオで「女の子が主人公のゲームが少ない」と嘆いていたあの子も、いまごろ、ポケモンクリスタルで遊んでいるだろうか。

(1) いちばん読みごたえのあるゲームのポケモン論は、中沢新一著『ポケットの中の野生——今ここに生きる子ども』(岩波書店、一九九七年)。このゲームが、子どもたちの野生を解放するというポジティブな読み方には、異論もあるだろうが、このゲームの魅力を余すところなく伝えてくれる。なぜ、ポケモンが子どもたちに愛されるのかわからなくて首をかしげている大人には、必読の一冊。
(2) 当時。二〇〇二年十一月末には、「ルビー&サファイア」というバージョンが発売された。
(3)『G・I・ジェーン』監督=リドリー・スコット、製作=ロジャー・バーンバウム、デミ・ムーア、スザンヌ・トッド、脚本=デヴィッド・トゥーイ、ダニエル・アレキサンドラ、主演=デミ・ムーア、一九九七年、アメリカ海軍特殊部隊の過酷な訓練に参加する女性大佐の物語。訓練に耐えられず脱落すると思われていた彼女であるが、男性以上に己の限界に挑み、男性中心の世界に適応していく。丸刈りと鍛え上げられたデミ・ムーアの肉体が見事。

（4）この『アリーテ姫の冒険』も、二〇〇一年日本で、日本人の手によってアニメ化された。女の子の自立という主題はそのままに、ストーリーはかなり変わっている様子だ。紹介を見る限り、日本製アリーテ姫は、孤独ではない。東京を中心とした一部上映だったので見逃しているが、是非見てみたい一本である。ちなみに『アリーテ姫の冒険』はダイアナ・コールス著、グループウィメンズ・プレイス訳、一九八七年、学陽書房刊。

超能力者の友へ

　最近のテレビ番組はやたらと、心霊写真やら幽霊やら怪奇現象といったオカルトものが多い。夏だけかと思っていたら、めっきり涼しくなってもまだやっている。私は幸いにも、その手のオカルトな経験にはまったく縁がないので他人事のはずなのだが、なぜかそうもいかない。

　どういうわけか、私の周りには「○○が見える」という人が多いのである。○○の中には、霊という言葉が入ったりするのだが、つまりは尋常ならざるこの世のモノでないものが見えるという。見えない、感じない私は、ふむふむとご託宣をうけたまわるしかないのだが、心のそこでは「弱ったなあ、弱った」と頭を抱えている。

　ある種の精神病の初期でも、この世のモノではないようなものが見えるらしいし、聞こえるらしい。いや、本当に霊とやらが見えていたとしても、私にはどうすることもできない。近代科学の規範に照らし合わせれば、私たち一般の鈍い人間が見えないモノを見るという人は、精神を病んでいるか錯乱しているというレッテルを貼られてしまうだろう。もっとも、私はそこまで科学信仰に染まることはできないので、「ああ、そうか霊がいるのか」と納得させられてしまうことも多々ある。それでも、霊が見えるという彼女たちを、どうしようもなく見守っているだけだった。

現代の日本で、巫女（シャーマン）の文化が生き残っているのは、北と南の端っこだという。北の青森のイタコと南の沖縄のユタである。残念ながら私はイタコのことは、本などで読んだだけで詳しくは知らない。しかし、ユタの話は沖縄ではよく耳にした。沖縄出身の人に好奇心丸出しで聞くと、同じ学年に一人くらいはユタになった同級生がいたと言っていた。ユタは女性である。彼女たちは一種の超能力を駆使して、人びとのさまざまな悩みに答をみつけるのだそうだ。一度病院の精神科の門を叩いても、ユタの所に修行に行き、立派なユタになることもあるのだという。

能力はからきしないが、超能力には昔から興味のある私は、「私もユタになりたいです」と怖いモノ知らずで頼み込んだことがある。

「あなたはなれません」

答は当然と言えば当然だった。理由は、土地の風景を覚えていないからだという。いろいろなことを示唆する夢を見ても、どこの風景かわからず、夢見を解釈することが不可能だからだというようなことを言われた。

つまり、生まれ育ったなじみの土地でこそ、そのユタとしての力を発揮することができるのだよと諭されたのである。

幼いころから転勤族の子どもだった私には、ふるさとがない。どこでも一目見ればわかるというようななじみのある風景はどこにもない。だから、万が一超能力が授かっても、私にはそれを解釈し人のために使う道は閉ざされているわけである。解釈し、人のために使われなければ、超能力はただの変わった力にすぎない。

だから、私は弱ってしまうのだ。

人に見えないモノが見えるなら精神科へ行けー！ というような短絡はないものの、頭から信用するほどオカルト好きでもない。実際、幽霊さんがいるかいないかは私にとってはあまり重要ではないのである（怖がりの私としては、いて欲しくない。いたとしても私の前には、現れないでくれというのが本音だったりするのだが）。

私にとって重要なのは、他人に見えないモノが見えるという彼女たちの経験が、社会によってどう意味付けられるのかということにある。また、彼女たちの経験をどうしたら、実りあるものにできるだろうかということにある。

非凡な人びとを、「普通ではない」ということで抹殺する社会は窮屈だし、不自由だ。非凡な人には生きにくい社会である。現にオウム真理教においては、信者たちが「普通でない」体験をした意味を教団に与えられて帰依していったことは記憶に新しい。体験したのだから真実だ、見たのだから本当だという経験主義は危険きわまりないものであるうえに、オウムの信者たちの身体経験は教団の内部だけで価値を持っていたため、現実の社会からどんどん遊離していったのである。なぜなら、現実の社会は彼らのような特別な身体経験に対しての言葉を持たなかったからである。

彼らのようなオカルト体験に対して、いまのところ我々の社会は、黙殺するか病院送りにするか見せ物にするくらいしか選択肢がない。

見えるから見えるのだ、見えるからそこにあるのだという論理ではなく、見えないモノが見えるからすごいのだということでもなく、なぜ、彼女たちは見えないモノを見、聞こえない声を聞くのだろうかということを私は考えずにおれない。ユタやイタコの存在は、かつての私たちの祖先の社会でも、彼女たちのような異能者を抱えていたことを思わせる。しかし、オカルト経験豊富な現代っ子である彼女たちの「人のために自分の能力を役立てたい」という願いはかなわない。沖縄と青森に、そのシステムが少しだけ残っているように見えるだけである。

だから、見えないはずのものが見えるという彼女たちを前にすると、私は考え込んでしまうのである。異常なまでに過熱しているテレビのオカルト番組には、「やらせ」の構造が透けて見えるし、そこには世界に対峙する哲学がないように感じてしまう。

身体経験が社会から遊離するとき、私たち普通の人間にとってその経験は、狂気か新興宗教のようなモノとしてしか存在できない。それではあまりにお粗末ではないか。どんな経験にも意味があるのだから。

科学の世紀である二十一世紀にもなって、彼女たちのような見える人が出てくることの意味を、私は一生懸命に考えているが、答は出そうもない。しかし、不思議なことに「見える」という友人たちの大半が女性なのである。

答は案外このあたりにあるのかもしれない。

振り上げた手をそっとおろすために

子どもへの虐待が増えている、という。痛ましいニュースに触れるたびに、「なぜ?」、「どうして?」という気持ちが押さえられなくなる。私だって、小憎らしい子どもの口答えにカッとすることだってあるが、どうしてそこまでやってしまうのだろうか。子どもが本当に憎くて、嫌いで仕方ないというわけではないのに、手をあげてしまう。その矛盾。

ある虐待事件を報道した番組の中で、心停止状態の子どもを搬送する救急車の中で、「ごめんね」と泣きじゃくった母親の話があった。我がことのように胸を突かれた。

子どもを相手にしていると、無性に腹が立つことがある。つい手が出てしまうこともある。手をあげる前に、頭を冷やそうと、子どもを残してトイレに立て篭ったりする。ドアの前でさめざめと泣く子どもの声を聞きながら、落ち着け落ち着けと自分に言い聞かせるわけだ。なんであんなにカッとしたのだろうと、思い直すときもあるし、イライラを持ち越して、布団の中で眠れないまま天井を見上げている日もある。

もっとも私は、保育園をはじめとした周りのサポートに恵まれているので、「子ども相手にキレる」などと言うと、罰が当たりそうである。しかしその一方で、孤独なお母さんたちは、どんなにか辛いだろうと想像に難くない。この理不尽な愛らしい生き物。一日中こまごまとした世話と、抱擁を要求し、してはいけないということを一番にやりたがり、そこらじゅうを泥だらけ、食べこぼしだらけにしてキーキー大声でわめく、いまいち日本語の通じない相手。

普段はこんなに可愛いのにと、笑顔の子どもを抱き締めながら、まったく親子関係ってこのやっかいなものは……と小さくため息をつく。私もこうして母に抱っこしてもらってきたのだろうなと、ほろ苦く思い至る。

親子関係といえば、思い出す映画がある。

スティーブン・スピルバーグ監督の話題の「失敗作」である『A・I』[*]。日本では前宣伝のおかげでまあまあの集客数があったようだが、アメリカ本国ではまったく評価されなかったらしい。たしかに、アメリカ人の嫌いそうな、ちょっとお涙ちょうだい系の話ではあった。

アメリカ版『鉄腕アトム』といえば、話は早いだろうか。

人間と寸分と違わない、男の子のロボット。不治の病で冷凍睡眠させられている実の息子の代わりとして、そのロボットを引き取る母親。悩みに悩んだ末、彼女はそのロボットと暮らすことにする。七つの言葉で愛情プログラムが起動し、ロボットは寸分も疑うことなくそのお母さんを愛し続ける。

そもそも、誰かの代わりに……という発想自体が不幸のもとなのだが、映画の中では、実の息子の病気が治り、ロボットくんはお払い箱となってしまう。そのロボットくん、デイビッドは本当の人間の子どもになりたいと、ピノキオを人間にしてくれた妖精を探す旅に出るというわけだ。

本当の人間になれれば、お母さんはボクをきっと愛してくれるから……。

「たまごっち」のような線画の単純プログラムにまで感情移入してしまう日本人の感覚からいうと、ロボットを愛せないことはないと思う。実際に、『A・I』のお母さんも彼を愛していたから、別れが辛かったのだろうと思う。ロボットだけど愛せるとか、本当の人間だから愛せるとか、いや、自分の血を分けた子どもだから愛せるとか、そんなに簡単な問題ではない。『A・I』も現実の児童虐待も、愛情がリセットできて、プログラムし直すことができたら簡単に解決できるのかもしれないと、映画を観ながら思った。デイビッドが辛いのは、一度起動させてしまったプログラムの修正が効かないことだ。自分を捨てる母への愛情をリセットできないということに、彼の問題が集積している。スピルバーグ監督がいうような、人口知能(A・I)を持つロボットは「モノ」にすぎないのかとか、そういう問題ではない。

だって、「モノ」にだって、愛情は注ぐことができるし、生きた人間に愛情がわかないことだってごまんとある（むしろそちらのほうが多い）。

でも、人間の感情は刻々と変化するものだ。愛情は、あるときは憎しみに変わり、あるときは邪魔になる。そのような気持ちを持て余して、私は我が子の前で立ちつくすこともある。愛しているのは疑いようもないのに、どうしても、怒りがわき起こってくるようなとき。しかし、人間の感情は、デイビッドの愛情と違ってリセットできる。何度でも何度でも、もう駄目だという瀬戸際で、私はもう一度立ち止まる。

デイビッドのように、七つの呪文で簡単に「お母さん、愛してる」ということにならなくてもいいじゃないか。デイビッドの、それが不幸のはじまりだったんだから。愛情というのは手間暇かけて相手に伝えるものだ。「愛している」と言うことが愛情？　そんなバカな。一日一日を自分の思いどおりにならない、ままならぬ相手と過ごしていくことが力になる。どうしても苦しいときは、どこかに逃げればいい。逃げなくても、いざとなったら逃げ場はあるぞと思うだけで、力はわいてくる。だから、○○ちゃんのお母さんという役割に固定されてしまうのは、かなり厳しい。逃げ場がなくなってしまうからだ。

専業主婦の友人たちが、「子どもを可愛いと思えない」と訴える。その悲痛な声に、私はなにも返してあげることができない。専業主婦でない私でさえ、子どもを憎いと思うことはある

A・I

困った顔がとってもステキ♡
ハーレイ君（デイビット役）
『シックスセンス』でも、すごく良い味を出していました。
シックスセンスも良かったよー。
とにかく、憂いを含んだ表情はすごいっ!
おかーさーん
たまらんです。
しかし、こいつは、デイビットより心をもってる気が…。
良いキャラだけど、かしこすぎるのが不自然♪
2001年にみた時は、「こんなしゃべったり歩いたりするおもちゃなんて遠い未来!」と思っていたけど、いつのまにか家中そんなおもちゃだらけに!
テディベアのことね
もっと憎らしい表情だったかな？
けっ
ピッカーピカピカピー!
こいつは、任天堂の黄色いあいつ
トコトコ
オラオラオラ♪
こいつは歌ったりもする! 踊るし。人気者だよ。育つとかくれんぼもする!
とか
こやつは動かないがこどもを産む…♪
こどももしゃべる…。
こども
むかしながらの有線おもちゃ
ふりまっせー! もっていきなはれ
そのうち　とかもしゃべるようになるんだろうか♪
ハッ!
あまり
ねこはしゃべらないが「心」はある。
犬さんにもある。でも犬さんはしゃべる。（しっぽで）
そして当然コンピュータもしゃべる。

のだから、逃げ場のない彼女たちの苦しみは想像にあまりある。

子どもにむけて振り上げてしまった手を、そっとおろしてナデナデ一〇〇回してみたい。

この子には罪はないだろう？　どうして、私は追い詰められるの？と自分にゆっくり問うてみたい。

私を追い詰める世の中の罪、孤立させ、母子を隔離する社会構造の罪。思いを馳せながら、深く息を吸い込んでみる。

＊『A・I』監督＝スティーヴン・スピルバーグ、脚本＝スティーヴン・スピルバーグ、イアン・ワトスン、製作＝キャスリーン・ケネディ、スティーヴン・スピルバーグ、ボニー・カーティス、原作＝ブライアン・オールディス『スーパーおもちゃの長い夏』、出演＝ハーレイ・ジョエル・オスメント、二〇〇一年、日米同時公開

名前という問題

フェミニストの大きな悩みに、話をしている相手の配偶者をどう呼ぶべきか……というものがある。親しい相手ならば、名前で呼べば終わりだが、それほど親しくない相手だったり、公的な場で「相手の配偶者」を呼ぶときの慣行は、フェミニストにとっては苦痛以外の何者でもない。

「ご主人さま」、「奥さま」の両方とも、言うのも言われるのも、私はいやだ。夫のことをどうして「主人」なんて呼ぶのだろう。外に働きに出ている妻も多いだろうに、「奥さま」はヘン。

もともとの語義と、現在の転用した使用環境では意味が違うのだから気にならないという人もいるし、その言葉が好きという人もいる。が、私は上下関係や差別的な性別役割分担を連想させるこれらの言葉は、なければそれに越したことはないと思う。

自分の彼氏や夫を紹介するときには「主人」と言わなければいい。話の相手に「ご主人」と言われたら、やんわり訂正してやればよい。しかし、話の相手の配偶者をどのように呼べば失礼でないのか。いつも「あ、あの、おくさ……いえ、あの、おつれあい、パートナーの方……」と口ごもるのが常である。

同じような悩みは、フェミニストを自称する友人たちも抱えていたようで、あるとき私たちは「話している相手の配偶者の呼称募集」なる企画をやったことがある。はがき一枚で応募でき、簡単。こんな問題もあるという宣伝にもなると、評判は上々だった。締め切りがすぎて、応募作を見るまでは。

「こんなバカな企画をするのは、テレビにかぶれた女か？　主人、奥様のなにがわるい！」というお叱りをはじめ、名前で呼べばよいという企画意図をまったく理解していないものがちらほら。

げんなりした私を励ましたのが、「にいさま」、「ねえさま」という応募だった。それには、「ここいらの田舎では、古い人たちはいまだに主人、奥さんという言い方をしません。お宅のネエさま、ニイさまというように呼び合います」と説明が添えてあった。

「主人」、「奥さま」の起源は案外新しい。もともとは、大きな商家などで下女下男が、その家のまさに「主人」と「奥さま」をそう呼んでいたのがはじまりだという。それが、戦後一気に意味が拡大解釈され、広がっていく。それは中流意識と期を一にしていたらしい。ウソだと思うなら、明治時代の小説などを読んでみれば一目瞭然。たとえば、夏目漱石の作品中では、自分の夫は「良人」、「宅の人」であり、下女に対して夫を呼ぶときだけ「ご主人」。自分の妻は「妻君」、「妻」で、やはり下女に対してだけ、「御奥さん」なのである。(1)

名前とフェミニズムは因縁が深い。他にも、夫婦別姓問題が取りざたされている。

私は、夫婦別姓に基本的には賛成している。夫婦同姓は、結婚前から働いている女性にとって、端的に不便である。だから、それを解消しようというのは、よくわかる。

しかし、夫婦別姓賛成のコワイところは、家制度を温存しようという人たちもまた、夫婦別姓を押し進めているという事実である。一人っ子同士が結婚して、姓を変えてしまうとその家が存続できないというとき、家制度を守るために夫婦別姓を望む人がいるわけである。また、専業主婦の人たちが、自分たちは夫の附属品ではない、独立した人格なのだからその証しとして、別姓にしたいというのも、なにか妙だ。名前だけ夫と別になれば、独立したことになる？　そんなわけは、ない。

こんなふうに、夫婦別姓運動は内実がさまざまで、一口に「賛成」とか「反対」というと、足もとをすくわれる。私は、家族や社会そのものを変えないともうダメだと思う。夫婦別姓なんて、小手先の延命策にすぎないと思うのだけれど。

でも、小手先でもいいから、別姓がよいかもと思ったこともある。

それは、ネットで暇つぶしをしていたときのことだ。

私は気まぐれに、ふと思いついて初恋の男性の名前を入れて検索をかけた。よくある彼の名前は、社長やらスポーツ選手やら学者やら、たくさんの人が出てくる。しかし、経歴と所在地でどの人が初恋のあの人かわかって、無事に活躍していることを知って嬉しかった。一歩間違えるとネットストーカーだが、検索以上のことはしていないので許してもらおう。ほんの一時、気分は女子高校生になって、昔を懐かしんだのだった。彼は二十年前とまったく変わらない笑顔で、ネット上でほほ笑んでいた。

さて、これに気をよくした私は、消息不明の女の友人の名前で検索をやってみた。が、彼女たちのほとんどはネット上に名前がない。手がかりもない。

二つの理由がある。

一つは、当たり前だが、ネット上に名前を公表するような公の立場にないということ。もう一つは、もし公の立場になっていたとしても、結婚して名前が変わってしまっているということ。そのせいで、ほとんどの女友人たちの消息はわからずじまいだった。こういうとき、私はやっぱり夫婦別姓にしてほしいと思ってしまう。名前だけしか手がかりがない私にとって、彼女たちとのつながりは、その名前だけ。その唯一の手がかりすら変えてしまう夫婦同姓は、私と彼女たちとの絆をばっさりと切り取ってしまうからだ。いや、私との絆というのは、一つの例にすぎない。名前を変える人たちは、名前によって築き上げた関係性をリセットすることになる。

それは、上手くやらないと、過去を切り捨てることを意味する。人生の連続性が、ここでは切断されるのだから。父の名前に固執することもないのだが（夫婦別姓は見方を変えれば、女性が父の名前に固執することのようにも見える）、自分の人生の連続性が失われるのは悲しい。人間関係が安定している人ほど、別姓か同姓かに拘泥《こうでい》しないのかもしれないが、田舎から放逐された都市流浪民の端くれとしては、名前をバカにすることはできないのである。

「にいさま」、「ねえさま」と、互いの配偶者を呼び合った懐かしい共同体から、私たちはこんなにも遠くに来てしまった。田舎の定住的な共同体がよいとはいえないが、「私」という人生劇場の傍聴人の数では、都会の流浪民は負けている。そのうえで、名前が変わるというのは、さらなるハンディだ。

芝居のたびに、役者の名前がころころ変わっては、ファンにとっても迷惑だろう。

たかが名前だが、されど名前。

（1）福田真弓編著『「主人」ということば——女からみた男の呼び方』（明石書房、一九九三年）の第五章「日本人はいつから夫を『主人』と呼ぶようになったのか」に詳しい。「主人」という呼び方については、この『「主人」ということば』がさまざまな角度から検討していて、おもしろい。「主人」賛成派も反対派も両方の意見が読める。また、中村桃子著『婚姻改姓・夫婦同姓の落とし穴』（勁草書房、一九九二年）は、日本文化における名前の重要性にまで考察しており読み応えがある。

女性と逸失利益

私は、数年前、交通事故にあったことがある。私は軽自動車の助手席に乗っていた。後部座席にアルバイト先のおねえさん、運転は友人の女性。三人でお食事でも、という小春日和の昼下がり。

交差点で、あ、車が突っ込んでくる!! と思うまもなく、私は大きな衝撃を感じた。少しの間、気絶していたのかもしれない。気がつくと車の窓枠越しに、私のすぐ右はアスファルトで、粉々に砕けたガラスが一面に飛び散っていた。車が転倒していたのだった。

幸い私はシートベルトをしていたお蔭で、顔の傷と鞭打ちだけですんだ。運転の友人も軽傷。しかし、後ろの席に座っていたおねえさんは、一年入院してから帰らぬ人となった。

事故はほぼ全面的に私たちの乗った車が悪かったので、運転をしていた女性の保険からかなりが支払われることになった。私は、額の生え際から顎にかけての大きな傷がうっすらと傷痕になっていた。

　う〜ん、残念でしたね。

　話し合いに来た保険屋さんは、私の顔をまじまじと見て、そう言った。残念？　そう。女性の顔に傷痕が残れば、後遺障害として最高二〇〇〇万円も支払われるところだったんですがね。あなたの顔の傷痕は正面からは見えませんね。これは、補償の対象にはなりませんね。

　当時（いまでもだが）、貧乏だった私が地団駄踏んで悔しがったのは言うまでもない。二〇〇〇万円は大きい。もうちょっと傷がずれてたらなあと、鏡を見てため息をついた。

　その「顔の傷」に対する補償は、男性と女性では雲泥の額の差があることを後に知った。もちろん、女性の顔に傷をつけるほうが、ずっと高くなるわけだ。なんだかおかしなことだなあと思っていたが、ずっとそのままになってしまっていた。

　その疑問を久しぶりに思い出させてくれた本がある。『交通死』*という本だ。大学の教員をしている著者が、娘を交通事故でなくしたことをきっかけに、日本の交通事故の現状、交通事故が起こった後の手続きについて実感をこめて書いている。「交通死」という言葉は、「運不運に左右されるような事故ではなく、交通犯罪によって引き起こされた死」という意味を明確にしたいがための造語であるが、この一語にも娘を失った著者の無念がこめられているような気がする。

著者の怒りが頂点に達するのは、娘の逸失利益の算定基準の男女間格差を知ったときだ。逸失利益というのは、被害者が死亡した場合、その被害者が生涯働き続けて得ることのできたはずの利益のことである。その利益は損害賠償として支払われることになるのだが、額の算定に使われる基準は、現行の賃金水準を反映しているため、女性の逸失利益は男性の六割にも満たなかったのだ。計算方法で、多少の幅がある（そう、男女差別がなくなったという人は、ここをよく考えてほしい。男女の賃金格差はここ数十年ほとんど縮まってはいないのである）。

著者は続ける。「昨日まで机を並べて勉強していた二人の子供が登校の途中同じ輪禍で生命を失ったとき、一方が女の子だからというただそれだけの理由で男児の六割の逸失利益しか得ることができないというは、理屈はともかく、感情的には納得しがたい措置だ」。

この著書のあと、裁判所の見解は変わった。

そもそも、一九八六年、最高裁は女の子の逸失利益が男の子よりも低くなるのは不合理ではないという判断を下していた。それから十四年。二〇〇〇年七月に奈良地裁が出した判決は、「年少者の逸失利益の算定に男女差が生じることは、性別で可能性に差異を設けて一方的に差別することで、妥当とはいえない」とし、女の子の逸失利益の算定は、全労働者の平均賃金を用いるのが合理的という判断を示した。

『交通死』から三年。著者の二木氏は、どんな思いでこの判決を聞いたのだろうか。

しかし、なぜ、女性の平均賃金が低いのか。

女性は、アンペイドワーク（無償労働）に携わっている人が多い。アンペイドワークとは、金銭によって贖《あがな》われない労働のことである。たとえば、家事や育児もそうだし、町内会やPTAなどの地域社会を支える活動もそうだ。もし、それらのアンペイドワークがなければ、どうなるだろうか。子どもは保育園で？　町内会はいらない？　食事はコンビニ、掃除はプロ任せ？

実は妊娠出産すらペイドワーク（有償労働）にする人たちがいる。女性のアンペイドワークをぜーんぶ金銭に換算したら、すごい額になるだろう。正統な労働には正統な評価を、というのは当たり前のことだ。が、金銭至上主義の日本で、女たちの労働はお金に換算されないという一点で男性より低く見られてきた。私は、金銭至上主義は嫌いだ。お金をたくさん稼ぐ人間がエライとは全然思わない。が、しかし、この世の中では、稼がずに生きることは難しい。稼がない人間は、誰かに「食わせてもらう」しかないのだから。

女性の人生は、男性の人生に比べて劣ったりしてはいないはずなのだけど、「食わせてもらう」人と「食わせてやる」人の力関係は明らかだ。いくら専業主婦の暮らしが人間的で、すばらしいものであっても、どんなに愛情のあふれた「ご主人」を持っていても、その「食わせてもらっている」という一点があるかぎり、対等な関係とはいえないのではないだろうか。

そして、アンペイドワークを引き受けつつ、低賃金の単純労働にパートさんとして駆り出される女性の現実。それらの現実は、女性がすき好んで選んでいるのではない。女の子の逸失利益が、男の子より低いことは、全く公正ではないのだ。

ところで、あなたは、聞くだろう。

顔の傷の保証も、同等にするのかい？と。

実に意地悪な質問だ。

「同等にせよ」と言う前に、この「女は顔」という価値観をなんとかしてくれと思う。同等に「男も顔」になったとして、それは生きやすい世界だろうか。

＊ 二木雄策『交通死』岩波新書、一九九七年

私の場合
ここにうっすら出てくる
酒を飲んで赤くなると
顔のキズ

女に生まれてよかったですか？

「女に生まれて得したことはあるけど、損したことはないから、あなたの言っていることはわからない」と大学のゼミの最中に言われたことがある。その女子学生は「お気の毒に」とでも言いたげなまなざしを向けて、おうようにほほ笑んだ。当時の私は、頭をブン殴られたようなショックで二の句がつげなかった。ブスで悪かったな、デブですまんかったな。私は生意気な学生で嫌われ者だよと、心の中で悪態をついた。女性になら、性差別の問題がわかってもらえるはずだという思い込みがあった私がバカだった。

いまなら、私は気を取り直して彼女に言えると思う。「自分が差別されていないことが、世の中に差別がないということを意味することにはならないよ」と。「自分が差別されていない人間は、差別に実に鈍感だ」と。

「女は得だ」とある深夜番組がいう。女性専用車両、女性専用ホテル、女性専用レストラン……。そんなことが理由で、「女性は得」ということらしい。ネット上では、匿名の多数による「フェミファシズム叩き」が活発だ。「フェミファシズム」とは、女性に優先的で女性が得をするように社会を変革する逆差別のファシズムというくらいの意味らしい。

彼らの言い分は、こうだ。かつて、アメリカ合衆国の黒人差別で、白人専用車両が作られた、白人専用レストランが作られた、それと、女性専用○○はどう違うのだと。

あきらかに違うのだが、わかるだろうか。むしろ、女性を黒人に模したほうがわかりやすい。白人(ここでは、男性のこと)が暴力的で攻撃的なので、とりあえず専用の安心できるシェルターが欲しい、そのニーズに商業主義が乗ったというふうに考えるほうが納得できる。

男性たちは、ボクたちのどこが暴力的で攻撃的なの? と聞くだろう。犯罪被害者の性比を出すまでもなく、女性の一人歩きは危険、夜道は危険といったとき、さて、襲うのは男でしょうか、女でしょうか。

第一そのような具体的な攻撃でなくても、女性たちは視線の恐怖にいつもさらされている。インターネットをちょっとたどれば、なにも知らない女性たちの無防備なショットであふれている。女であることが、ある種の男性の格好の餌食になる。男たちにも選ぶ権利があるという反論があるかもしれないが、そういう視線によって選別されること自体が、不愉快で辛い体験なのだ。

簡単にいうと、女性は男性がいるとのびのびできないということだ、今のところは。そののびのびできない原因こそが性差別なのだが、「フェミファシズム」とあげつらう人たちはそれがわかっていない。もっと単純にいうと、男性専用○○ができたら、アナタはいきたいですかと聞いてみたい。いきたい！と答える男の人は多いだろうか。

「次に生まれるときは、女がいいですか、男がいいですか」という質問に、「女がいい」と答える人が増えているのだそうだ。本当は、生まれるときに男か女か自分で選ぶことなどできないところにこの質問のおもしろみもナンセンスさもあるのだが、損得なんかで決められるのだろうか。

私はそんな質問をされたら、質問者をしげしげと観察してから「どっちでも」と答えることにしている。どちらの性であっても、困難や苦労はあるだろう。損でしんどい人生であるとしても、私は「女」であることに誇りを持っている。

同じように、もし私が「男」であっても誇りを持って生きていきたい、と思う。

障害者と差別

私も差別と戦う人だ――と、以前は漠然と思っていた。彼に出会うまでは。

彼との出会いは、十五年以上前のことで、詳細はほとんど思い出せない。私が思い出せる彼との最初の思い出は、請われて食事の介助をしているときだった。

「ゴメンね、食べさせるの下手で」と謝った慣れない私に、その言葉はこともなげに返された。ろれつのまわらない口で、「ほんまや、ほんま。ほんまムラセは食べさすの下手やなあ」とこぼす。え？　そんなに？　と固くなった手の動きを察知して、彼は言葉を継いだ。「いやな、もっと下手なやつおるで。オレには白飯ばっかり食わせて、自分はおかずばっかり食うんや。別に悪気があるわけやないが、きっと食べさせてると、どっちが食べたかわからんようになるんやなあ」と笑った。

彼は、脳性麻痺で全身が硬直していて、自分一人ではご飯を食べることができない。行く先々で、人に頼むことになる。言葉を発するのも一苦労。聞く方も、慣れていないと彼がなにを言っているのかわからない。しんぼう強く何度も何度も聞き返して、やっと二言三言わかる程度のこともあるし、電話など慣れないと聞き取ることすらできない。「いたずら電話と間違われて、切られちゃうんだよね」と笑う。

でも、彼は自分の意思でかろうじて動かせる足先で、器用に電動車イスをあやつって大学に出没していた。大学の研究生として日本の文学を学んでいたのだ。お昼ご飯どうしてるん？と聞く私に、「学食で近くに座っとる奴に声かけるんや。いまごろの学生も、結構捨てたもんじゃないぜえ」と言ってから、「食べさせるの下手やけどな」とニヤリと笑った（ように私には見えた）。

なにか講演会があるときには、必ずといっていいほど、最前列に彼の姿があった。彼の知的好奇心と、そして障害者差別に対抗しようとする意思は、彼の個性と相まって強烈なものだった。

出会ったころのなにも知らない私は、「私は女性差別と戦っとるけど、あんたは、障害者差別と戦ってるんだよね。仲間だね」と、無邪気な発言をしたことがある。いまになって思い返せば、胸の痛い無神経な発言なのだった。

女性解放運動と障害者解放運動は、長年相入れぬものとして存立していたという過去がある。

たとえば、そのもっとも先鋭化した形が、「中絶論争」である。「産む産まないは女性の権利」というスローガンを掲げて、女性が中絶をすることを認めてくれという女性解放運動側と、「中絶の自由化は、障害者の抹殺につながる」としてその運動を批判した障害者解放運動側の論争となった。

もとより女性解放運動側は、「障害者を抹殺するため」に中絶の自由化をせよと言っていたのではない。しかし、生殖技術が進み、出生前診断が特別な医療ではなくなってしまった現在において、結果として「障害者の排除」のための中絶が行われているだろうことも想像にかたくない。そこを突いての障害者解放運動であった。

現状では、障害を持つ子どもを育てるコストや労力、社会的な受容を考えると、「障害者を産みたくない」という人を私は批判することができない。もし、批判するならば、社会的な整備をしていない健常者中心の国策を批判すべきであり、それを当たり前だと思う私たちの世界観を問い直すべきだろうと思う。

が、私たちの心の中にある「うちなる優生思想」は、いかんともしがたく存在している。よい子どもが欲しい、五体満足に生まれて欲しい。でも、そう願うことが、現実に選択的中絶(障害胎児の排除)につながるとき、その「うちなる優生思想」は障害者の生をどれだけ生きにくくしていることか。

「仲間だね」という無神経な発言が彼を遠ざけたのか、大学を変わってからはほとんど消息を聞くこともなかった。数回、車の窓から電動車イスの彼の姿を見かけたが、声をかけることもできずにいた。車から声をかけられても困るだろうと勝手に推測して、私は彼の隣を素通りしてしまったのだった。徒歩の人になら、きっと声をかけてしまうような閑散とした道だったというのに。

ねえ、知っている？　とあまりよく知らない学生が、私に声をかけてきたのは、夏の終わりで涼しい風が吹き始めたころだった。

あの人亡くなったんだって。六月。溺れて。

え？　私は耳を疑った。彼は、電動車イスごと、川に落ちていたという。詳しいことはわからないということだった。でも、あの重たい金属のかたまりごと落ちたのなら、助からない。すぐ痙攣をおこす彼の手足は、電動車イスに縛りつけてあったのだから。

伝えたいことは、たくさんあった。

それなのに、声をかけることをためらった私には、心の奥底に障害者に対する心の垣根があったのかもしれない。心の垣根は差別と言い換えてもいい。仲間だなんて、思い上がりもはなはだしい。

「健常者の方に、私はおめでとうと言います。それはいまからでも障害者に仲間入りできる可能性を秘めているからです」と、障害者でカウンセラーでもある安積遊歩さんは言う。障害者はそこにいるだけで、人間存在や生きるということについて深く考えさせてくれる。障害者は、重要な役割をになった哲学的存在なのだと彼女は言うのだ。障害者であることを誇りに思い、生き抜く彼女の講演はいつもパワフル。私は、ずっと亡くなった脳性麻痺の彼のことを考えながら聴いていた。

たしかに、自分が被差別者のとき以外では差別に荷担しがちな青二才の私に、さまざまな差別があるということを、彼は身をもって教えてくれたのかもしれない。

彼の霊前に安積さんの著書『癒しのセクシートリップ』と『車イスからの宣戦布告――私がしあわせであるために私は政治的になる』の二冊*を捧げたい。

合掌。

＊ 安積遊歩『癒しのセクシートリップ』一九九三年、『車イスからの宣戦布告――私がしあわせであるために私は政治的になる』一九九九年、ともに太郎次郎社

女性型ロボットの未来

手塚治虫の原作から五十数年。『メトロポリス』[1]が劇場用アニメとして帰ってきた。初期の手塚マンガの丸っこい画風を愛する私としては、見逃せなくて、早速観にいった。緻密な作画でよく動く群衆シーンなど、驚くほどのできばえである。最先端を感じさせる美しいＣＧと丸っこく愛らしいキャラクターのミスマッチが心地よい。

しかし、「?」な部分がある。

原作ではメトロポリスに君臨するべき超人として作られる主人公のロボットは、ミッチィという利発そうな男の子。ミッチィは、女の子にもなれる両性具有的存在だ。

一方、映画のロボットは、ティマという女の子に変更されている。ティマは、男の子になることはない。ほのかな色気を漂わせさえするし、主人公ケンイチに対する執着には恋情の匂いがする。

そもそも、ロボットに男も女もあるのだろうか（もっとも、手塚は後年に『火の鳥２７７２愛のコスモゾーン』[2]という劇場作品で、まさに女性のロボットと人間の男性との愛をテーマにしているから、人型のロボットに性差があるのは当たり前のことなのかもしれない）。機械を愛せるかという問題は古今東西ＳＦの大テーマだったりもする。ＳＦマニアが愛してやまない『ブレードランナー』[3]しかり、である。

人間のようなロボットが作られるのは遠い未来のことだと思っていたのだが、最近のロボット技術の進歩は目覚ましい。

ソニーが作った「アイボ」がいる。当初、アイボは、イヌと同じように愛らしくペットと同じ感覚でつき合えるというコメントが、ユーザーからいくつも寄せられていた。いまではわざわざそんなことを言い募らなくても、アイボというロボットが十二分にペットとしての役割を果たしていることは周知の事実である。いつのまにか、ロボット犬は人の近くに住みついているわけだ（見かけだけは、まだまだロボットっぽい。だが、飼っている人から言えば本物のイヌと同じかそれ以上に愛情を注げる対象なのだという）。愛犬家の私としては、あの本物のイヌさんの魅力をロボットごときが超えるとはどうしても思えないのだが。

『メトロポリス』のティマは、ふわりとした金髪が印象的な女の子。可愛らしくて、よくよく見てもロボットには見えない。でも、そんな彼女の結末は悲しい。「私は誰？」というつぶやきとともに、消えていくティマ。不安定な美しい生き物として造形される彼女は、女性型ロボットの悲しい未来を暗示しているようだ。

というのも、人型ロボットが現実になる日も近くなって、私には一つの不安があるのだ。ビデオデッキのときも、パソコンのときも、新しい技術の普及をうながしたのは、ポルノちっくな動機が大きいらしい。ポルノビデオを見てみたい、エッチなサイトを見てみたいという欲望が、新しい技術を爆発的に普及させたというのである。

それならば、ロボットも……という懸念が頭をかすめる。

美しく廉価で高性能の女性型ロボットが開発されたとしたら、その目的はなんだろうか？現実の女性に対しては不可能なセクハラをしてみたい、思いきり凌辱したいという男性はいないだろうか。事実、インターネットをたどっていくと、そこには生きている人としか思えない美しい女性の人形が販売されている。どこからどう見ても人間のその美しい人形は、セックスのために男性に向けて売られている。透き通るような肌、たわわな乳房、憂いを含んだ優しいまなざし。その人形は、まだまだものすごく高価で、一般庶民には高嶺の花なのだが、いつか普及するときが来るのだろうか。押入れを開けるとそこには、一家に一台、セックス用ロボットが鎮座しているという世界。もしくは、いつもキッチンの片隅に座ってもらうか。

人形やロボットの性的使用がよくないとは言わない。

同じ女というかたちをもってしまったというだけで、人形やロボットにも感情移入してしまうのは、私のセンチメンタルな自意識過剰なのだろうか。でも、世界のどこかで、女のかたちをしたモノ（人形やロボット）が、もし凌辱されているとしたら、それは生身の女の住みやすい社会だろうかと考えてしまう。

願わくば、女性型ロボットたちも幸せに暮らせる未来を。

SF的世界は、もうそこまで来ている。

（1）『メトロポリス』監督＝りんたろう、脚本＝大友克洋、制作＝メトロポリス製作委員会、原作＝手塚治虫（『手塚治虫傑作集』角川文庫）、二〇〇一年

多層的に構成された都市の最上階の支配者レッド公は、世界を支配するロボットをつくらせる。それがティマで、主人公ケンイチと淡い恋で結ばれる。

（2）『火の鳥2772愛のコスモゾーン』原案・構成・総監督＝手塚治虫、製作＝市川喜一、明田川進、監督＝杉山卓、脚本＝手塚治虫、杉山卓、一九八〇年

主人公のゴドーとオルガという保育ロボット（女性型）の愛がテーマの一つ。

（3）『ブレードランナー』監督＝リドリー・スコット、製作＝マイケル・デイーリー、脚本＝ハンプトン・ファンチャー、デビッド・ピープルズ、原作＝フィリップ・K・ディック『アンドロイドは電気羊の夢を見るか?』（ハヤカワ文庫）、主演ハリソン・フォード、一九八二年、アメリカ

レプリカントと呼ばれるアンドロイドが量産される未来。働くだけのためにつくられたレプリカントの反乱と、それを追う主人公との戦い。主人公の愛した女性もレプリカントであった。

「ブス」ですが、何か？

フェミニストは、女を対象にしていてはだめだ。男女平等の世の中を望むのならば、まず、男を変えなくては！　と言われたことがあった。私はそれを、心のどこかで冷ややかに眺めていた。正直言って、男などどうでもいいと思っていた。男がなぜ女性を蔑視するのか……という仕組みや思い込みの原因には興味があるけど、現実の目の前の男を変えるとか男とうまくやるなんてことは、私にとってはかなりどうでもいいことなのだった。

現実に、一人の人間として生きるとき、いま、たまたま異性愛者である私は「性」という根っこのところで、男性と関わらざるを得ない。フェミニズムを学ぶこと、フェミニズムを生きることが、私の男との関係をどう変えたかということを私は考えてみる。すると、それは、より「うまくない」、よりキツイ方向へとシフトすることを意味していたようだと苦笑する。

しかし、そのキツイ方向を引き受けることが私のフェミニズムでもあった。自分をだまして、フェミニズムを知らなかったころの、男と幸福な関係を築く夢を抱いていたあのころに帰ろうとは思わない。もっと言ってしまおう。男なしでも十分にやれることをわからせてくれただけでも、私にとってのフェミニズムは人生において、重要な役割を果たしたのだ。

ブスのひがみ……は、フェミニストをバカにし揶揄する文脈で必ずと言っていいほど出てくる言葉だ。男に相手にされない女が、くだくだと理屈をこねて自己正当化している。そういう侮蔑は、「男女共同参画」が叫ばれるいまだって厳然と存在する。その侮蔑に対抗する方法は二つ。ひとつは、「ブス」でないこと（もしくは、男とうまくやれる女であることを示すこと）。もうひとつは、「ブス」に居直ること。ブスで何が悪い、男とうまくやれなくて、何が悪いと開き直ること。

フェミニストと言えば、颯爽と風切って歩くかっこいい女という印象を持っていて、男とうまくやれない私はずいぶんと居心地の悪い思いをしていた。実際に出会った憧れの女性学者たちは、本当にオシャレで格好良かった。「あら、アナタも好きな格好をしたらよいわ」と言われても、好きな格好なんて私の中にはなかった。どんな格好をしても、男が作った性幻想の手の平の上でかわい子ぶりっこをしているような気がしてならなかった。

そんな中、小倉千加子の『セックス神話解体新書』(1)の著者紹介に書かれた「嫌いなもの・結婚しているフェミニスト」というたった一言が、私を救った。著者小倉は、私が理解したような意味でその言葉を書いたのではないかもしれないが、「男とうまくやっている女」は嫌い、「男とうまくいかなくてもオッケー」と書いているように、私には読めた。男なしでも、ブスでも大丈夫、と読んだのである（もっとも、この理解は正確ではなくて、「フェミニズムは自由を求める思想やと思ってるから、性の自由、身体の自由は基本のキ。それを自ら手放して、お互いを縛りあいたいという人たちの気が知れん」という上野千鶴子の発言のようなことを意図していたらしい[2]）。

社会学者でもある上野千鶴子は、対談の中で次のように述べている[3]。

お母さんである以前に、男によって性的な存在として選ばれる、ということが、女性性の定義要件の中に書きこまれているということです。

それは「対でなければ女ではない」という社会的な脅迫として、私に重くのしかかる。誰かに私を証明してほしい。私は誰なのか。女？　女であることを、いったい誰が証明してくれるだろう。対幻想の中で、女性性を保証してくれるのは、いつもたいていは男であった（子どものときは、家族が保証してくれたかもしれない）。

だから、女性たちは男たちの発する「ブスのひがみ」というフェミニズムに対する蔑視発言に、バカバカしいとわかっていながらも、苦い思いを抱いてきたのだ。少なくとも、私はいまでもその苦い思いを捨てることはできない。ブスですよ、もてませんよ、男との関係はひどいもんですよ……と幾度でも反芻しながら、それでも、でも私は生きているし、一人の人間として扱われるべきだし、バカにされる筋合いはないはずだ。そう自分に言い聞かせる。それが、私のフェミニズムを生きる意味である。性愛によって女であることを確認しなくても、私は私。それが私を満ち足りた気分にすることはあっても、それは私のすべてではないし、性愛と無縁な存在として生きることだってきっとできる。

マスコミをはじめとする世間では、セックスレスカップルを問題視することが多いのだが、それは、恋愛と結婚、家族を一致させておきたい権力の視点であるともいえるだろう。結婚していて、セックスをしなくて、何が悪い……と、私は思う。結婚していないで行われる性行為も、結婚しているのに行われない性行為も、ロマンチックラブを是としたい社会への同じ反逆の二相ではないか。

人間の親密な関係が、性や性愛とは関係なく結ばれるのならば、私はむしろ、そのことに一つの希望を見いだす。「男というカテゴリー」に私は欲情したくない（そして、「女である」というだけで、欲情されたくはない）。しかし現実は、男であること、女であることの圧倒的な色眼鏡をとおして相手を見てしまう。「男である」から欲情するのではなく、「アナタだから」

欲情できるような関係があり得るのだろうか。
たとえば、文学者の金井景子は次のように述べる。[4]

「私の性」をかけがえのないものとして捉えるには、保護という名の管理に便利な「男の性」と「女の性」といった振り分けに「例外としてのセクシュアル・マイノリティの性」を追加することではない。「誰もがたったひとつのマイノリティの存在」（安達倭雅子）であるというところから出発し直す必要がある。

たったひとつのマイノリティの存在として、私は誰にも定義されず生きていきたい。そのたったひとつのマイノリティ同士が出会って、恋がはじまる可能性を夢見ながら。そして、その恋が、ロマンチッククラブに回収されない方法を、手探りでさぐりながら。

（1）小倉千加子『セックス神話解体新書』ちくま文庫、一九九五年（初版は学陽書房、一九八八年）
（2）上野千鶴子・小倉千加子『ザ・フィミニズム』筑摩書房、二〇〇二年
（3）上野千鶴子他『ラディカルに語れば…――上野千鶴子対談集』平凡社、二〇〇一年
（4）斎藤美奈子編『男女という制度――二十一世紀文学の創造』岩波書店、二〇〇一年

フェミな身体《からだ》

ウーマンリブと身体

ウーマンリブ運動に、私は格別の思い入れがある。

まだ、新聞も読めない幼いころ、女性たちの集会の熱気を伝える写真に胸を踊らせたものだ。幼稚園でも小学校でも、出席簿はいつも男の子が先。私が子どものころは、生徒会長や学級委員はいつも男の子で、女の子は副会長とか副学級委員という補佐役でしかなかった。そんなふうだったから、リーダーも集まる人も女。女ばかりの集会というウーマンリブの女性たちはすごく格好よく見えたのだ。

大きくなったらウーマンリブをやろう!! と心に決めて、私は大人になった。が、大人になったときには「ウーマンリブ」という言葉はどこかに消えてしまっていた。その代わりに、「フェミニズム」とかかわることになった。

フェミニズムは、ウーマンリブと違って、あんまりデモもしない。女同士で一緒に住んで子どもを産んだりしない（当時、ウーマンリブ運動の中では、女同士のコミュニティがあり、女たちはそこで暮らし、子どもを産み育てるという実践をしていたそうだ）。座り込みをしたりして強制的に連行されることもないようだ。どちらかと言うと、「学問」の匂いがする。統計的に、女の一生はこうなっていますとか、法律の、ここのところの文言が、女性に不利になっていますよとか。だから、変えないと女性は損ですよと結論することはあるけど、分析や調査自体に重きがある。ほかにも、文学作品の中で女性がどのように扱われてきたのかとか、なぜ女性の科学者が少ないのかを、俎上にのせる。あらゆる分野が、フェミニズムの対象となる。

フェミニズムを勉強すればするほど、世の中の見方が多角的になって、私はずいぶんと生きることが楽になった。いまだに「女だから」とか「女のくせに」という言い方が蔓延する世の中だけど、「それ、違うよ」と説明することが少しできるようになったからかもしれない。

しかし、やっぱり少しだけもの足りない。ウーマンリブの熱気や凄みを後から知るにつけ、あの時代を体験したくなってくる（機会があれば、原一男監督作品の『極私的エロス・恋歌1974』[1]というドキュメンタリー映画をご覧になるといいかもしれない。ウーマンリブの記録映画というわけではないが、時代の気分をとてもよく伝えてくれるし、カメラは女たちのコミュニティの様子を生き生きととらえている。また、書籍としては、『資料日本ウーマン・リブ史』[2]に、熱い思いが残されている）。

そのウーマンリブ運動の立て役者の一人に、田中美津がいる。ウーマンリブ運動に疲れてメキシコに渡り、その後、東京で針灸師をしているということは風の便りに聞いて知っていた。ウーマンリブと、鍼灸。どこがつながるのだろうか。それともばっさり切れているのだろうか。その疑問は、彼女のウーマンリブ以降の著書を読んでみて氷解した。

『ぼーっとしようよ養生法』(3)というその本は、フェミニズムの学問的な本と違って、全然難しくない。けど、さらりと読めて実は難物だ。自分の身体とどうつき合うか、自分の身体をとりまく環境とどうつき合うか。もちろん、男の人にとっても自分の身体とどうつき合うかは大問題だから、この本は、女性向けの本というわけでもない。でも、女の人向けのたくさんの示唆にあふれている。

どうしたら身体が喜ぶか。まず、冷やさない。冷やさないために、締めつけない、食べ物に気を配る、腰湯をつかう、コンニャク湿布をしてみる。どれも実用的な方法論だけにとどまることはない。夏でも背広にネクタイの男たちにあわせた冷房を批判したりするが、まったくおだやかだ。ミニスカートに肩だし臍だしの女の子たちのファッション願望を認め、「今おしゃれしなきゃいつするの?」と励ましながらも、でも冷えには気をつけてねと諭す。そのバランスが絶妙である。

とことん身体とつき合うことで、自分自身のことがよくわかってくる。そして、自分の周り

私は無類の汗っかきなので、
タオルを欠かせません
暑くて汗かくと、減量になりませんかね…
なりませんよね…
外から室内に入って冷房していると、
ひや〜ん
サ・サムイっ やめてぇ！
汗でぬれねずみ
家にはクーラーないです。扇風機1こです。
充分！
汗かいてなくても、クーラーはいやです。体調を即こわします。
「嫌冷房権」がほしいっ！
（ないですよね〜）
ひや〜
あたまいたい からだだるい。
でも夏好きなの…

冷房はキライ！

のことがよく見えてくる。

良い身体は、弱い身体、すぐに不調がでる身体なのだそうだ。強い身体は、身体ががまんにがまんを重ねて、気づいたときにはとっくに手遅れなってしまいがちだからだという。

これは、社会に対するつき合い方（生き方）にも言えることではないだろうか。良い生き方は、弱い生き方。小さなことでも、些細なことでも、がまんしないでまず感じてみる。嫌だなと思ったら、口に出して言ってみる。強い生き方は、嫌だと思ったことを感じないふりをしているだけの、鈍感な生き方なのかもしれない。なるべくがまんしない生き方。それが社会を変えていくのかもしれない。

昔、ウーマンリブの記事の写真を見て、はしゃいでいた私を、若い母は横目で苦い顔で眺めていた。ウーマンリブなんて……という世間の風評は彼女にも浸透していたのだろう。

いま、年老いて「弱い身体」と向き合うことになった母に、私はこの本を贈った。母は、「なかなかいい本じゃないの」とかなり気に入った様子だった。ウーマンリブというと、機嫌が悪くなる彼女だが、田中美津のメッセージは数十年の時を隔てて、確実に彼女のもとに届いたのかもしれない。

弱くてもいい。弱いほうがいい。田中美津のウーマンリブは、自分をまるごと肯定して、自分の弱さと向き合うことから始まる。

自分と向き合うことは、世界と向き合うこと。そして、弱さとは、痛みをきちんと感じることのできる能力のこと。

ウーマンリブの残した最良のメッセージがここにはある。

(1) 監督・撮影＝原一男、制作＝小林佐智子、音楽＝加藤登紀子、疾走プロ作品、一九七四年

(2) 溝口明代・佐伯洋子・三木草子編『資料・日本ウーマン・リブ史』Ⅰ～Ⅲ、松香堂、一九九二、一九九四、一九九五年

(3) 田中美津『ぼーっとしようよ養生法』毎日新聞社、一九九七年

おっぱいの話

私は、どちらかというと太めの方だ。人並みにダイエットにも励んだが効果がなく、服を買おうとしても普通のコーナーにはサイズがなく、他人から「安産型」だと変に誉め讃えられたりしていた。

しかし、こんな私でも、男に間違われたことが一度だけあった。

アフリカのケニアのある地方に調査に入ったときのことだった。その地方の人は牧畜が主な生業である。ヤギやヒツジなど、乾燥に強い家畜を追いながら、水を求めて遊牧をする、そんな生活である。そこの女性は上半身を隠さなかった。黒光りする裸の胸を張って歩く。上着を着るのは男性がほとんどだった。一方、私はTシャツに綿のズボンで、肩まで伸びた髪を輪ゴムでくくっていた。

そして、驚いたことに、皆はしばらく私を男だと思っていたらしいのである。話をして（声を聞けば男とは思えないはずだが）私が女性であること、かの地では子どもがいてもおかしくないような年齢の「大人の女性」であることを告げると、人びとは一応納得したらしかった。しかし、数日して、彼らが心底納得していないことがわかったのである。事あるごとに若者や娘たちはもとより、大人や子どもたちまでも、「おっぱいを見せてくれ」と言う。

わざわざ、それだけを言いに来るのだ。

ある日の早朝、テントから寝ぼけまなこで這い出すと、十数名くらいが集まっていた。子どもから大人まで、男も女も。その中の一人が真剣そのものの表情をして私にこう言った。

「今日はお前のおっぱいを見るために集まった。一度でいいからおっぱいを見せてくれ」

これだけギャラリーが集まったのでは、女がすたるじゃないけれど、ノセられればなんでもしてしまう性格の私。黙って逃げるわけにはいかない。一度だけだよと言って、えいっとばかりにTシャツの裾をまくった。「おおー」どよめきが起こり、私はちょっとご満悦だった。アフリカの女性たちのたわわな美しいおっぱいには及ばないけど、日本の女にだっておっぱいはあるんだぞ。日本では大きい方だぞ。もっとも、全身くまなく太めだけど。

「小さい……」

へ？　私は耳を疑った。集まった人たちは口々に「小さい」と言い合っていた。十代の娘が一人、前に出て「お前は私たちと同じ娘だったのだ。そんな胸で大人の女のはずはない」と私に念を押す。

よもや、アフリカまで来て、思春期の娘たちと同じだと言われるとは思ってもみなかった。彼女たちは、私の手を取り、特有の飛び跳ねるダンスをして見せて、私と同世代であることを祝ってくれた。私は反論の余地なく、娘たちと一緒になって跳ねて踊った。それから私が彼女たちと仲よしになれたのは、この事件（！）のお蔭だったのかもしれない。

なぜか、私はすがすがしい気持ちだった。

帰国して、アフリカの話を友人たちにしたとき、一番受けがよかったのは、不思議とこのおっぱいの話であった。何度となくせがまれて、小さな会合などで話をした。興味深いことに、おもしろがってくれるのは女性ばかりであった。男の人は、なにがおもしろいの？と首をかしげていたりする。

日本ではおっぱいは商品のようになってしまっている。おっぱいが見えたりすれば、それは男にとっては「ラッキー」だし、おっぱいを見せることは女にとって、売り物としての身体を確認する作業になりがちだ。

でも、それはおっぱいのごく一面的な見方に過ぎない。私が子どものころは、駅の待合室などの人前で堂々と赤ん坊におっぱいを含ませている人がいた。いつのまにか、そんな若いお母さんは姿を消してしまったのだが。おっぱいは、ちょっと前までは母乳を飲ませるための、赤ん坊のためのものだったし、公共の場で他人に見せても恥ずかしいものではなかった。でも、いまや人前で子どもに乳をやることすら、はばかられるご時世である。おっぱいがポルノなどの商品としてだけ存在するのはなんだか不自由だ。私や、この話を聞いた女性の琴線に触れたのはきっとこの点だ。

私が感じたすがすがしさは、他人に値段をつけられずに、私の身体が存在したその瞬間を確かに感じとったからだろう。あの事件のとき、あのアフリカの辺境に生きる人たちにとって、おっぱいは女性の成長の証しだった。そして、本当は私たち日本の女性も、そのような見方でおっぱいを語りたいのかもしれない。

外見や大きさで価値付けられることのないおっぱいを（からだを）取り戻したいと、私はどこかでいつも思っている。

非日常と「祭」と身体

「お祭やるからおいで」

そう言われて出かけたのは、本州の端っこ、下関市の彦島。昼の御神輿巡幸が終わって、日が暮れてくると、出し物が始まる。はじめは、小学生の「平家踊り」や、幼稚園の子のお遊戯だ。

漁港に作られた小さな「舞台」では、子どもたちが日ごろの成果を発揮していた。ここまでは、どの町内会でもおなじみの予想していたとおりの出来事だった。

「私も出るのよ。きゃー、恥ずかしい」とニコニコしていたのは、私がいつもお世話になっている漁家のおばちゃんだ。孫が何人もいる彼女は、それとは思えないくらい若々しい。

星が瞬きはじめ、大人の部が始まった。その彼女は、舞台の上ではほっぺを赤く塗った愛くるしい中国娘に扮していた。

それから、おばちゃんたちのパワーが炸裂した。

私の母親なんかよりずっと年上のおばちゃん二人組が、どぎつい化粧をしてウエディングドレス姿で、歌って踊る踊る。ありゃ〜〜。観客からどっと歓声があがった。続く出し物も、おさげのセーラー服のおばちゃんあり、学生服に身をかためたおばちゃん（胸には東大の名札が！）あり。

ウエディングドレス。

セーラー服。

ばりばりのフェミニストのこの私でさえ、ウエディングドレスには一度ならずとも憧れたものだ。ウエディングドレスも、セーラー服も、ただの「服」ではない。特別な意味を持った神聖な「記号」でもある。純潔の象徴、無垢な若い女の象徴。

それをおばちゃんたちは、いとも簡単に軽々と越境する。処女でもなく、若くもない女が、その神聖な「記号」をまとい、「舞台」の中を所狭しと大暴れする。

これは「日常」に対する転覆行為だ。

「見られる身体」を持ち、流通させられ、消費される「女」としてではなく、「見せつける身体」を持つ人間として、「日常」の意味を問い直す試みを、この祭の女たちは体現していたのではないだろうか。そこにはまさに「祭」の本当の意味での、非日常世界があったのだから。

若い娘が同じことをやっても、おばちゃんたちほどのパワーを持つことはできない。若い女が、ウエディングドレスやセーラー服を着たところで、どこにどう非日常があるだろうか。

若い女性は、非日常を生きる「祭」からは常に隔てられている。四六時中いついかなるときも、彼女たちは視線によって取り囲まれた「見られる身体」の虜囚《りょしゅう》なのである。

「若い女」が、マスメディアを通じて商品として流通する限り、若い女性の身体は「見られる身体」として収奪され続けるのではないだろうか。アクションカメラや盗撮、隠し撮りで、スポーツ選手の姿や町を歩く女性は見知らぬ男性の視線にさらされ、写真として商品価値を持つ。被写体となった女性の意志にはかかわらず、である。

人類学的には、「祭」には大きく二つの機能があるという。一つは、日常を転覆して、潜在的な不満や軋轢《あつれき》を解消するということ（アフリカのある社会では女性の地位が低いが、「祭」になると、女性はとんでもなく偉いものとされ、男をこき使う——というところもある）。

もう一つは、「祭」に参加し、みずからが「祭」を作り出すことによって、地域社会に根差す共同体の持つ紐帯を強固なものにするという機能である。機能という点から、「祭」を見ると、そのほとんどが失われているのがわかる。

高度経済成長以降、「祭」は観光で見に行くもの、観光客を呼び集めるものに成り下がった。そこにあるのは、経済原則が支配する退屈な日常の続きにほかならない。

都市部では、共同体の成員の多くが第一次産業から離れ、定着的な生活をしなくなったという理由などによって、また、地方では過疎や高齢化によって、地域の共同体という概念そのものがいま、危機に瀕している。

それに呼応するかのように、日々、不気味なやりきれない事件が日本全国をおおっている。ここ彦島では、颯爽と日常を転覆して見せたおばちゃんたちは健在だが、それを受け継ぐ若い女性の姿は少ない。唯一それが気がかりなのよと、おばちゃんたちは言う。

しかし、神戸の殺人事件やいじめの話をするとき、彼女たちは誇らしげにこう言う。

「ここでは、そんなことはありえんよ。どの子も私ら顔見知りだし、私らどの子にも声をかける。みなよう知っちょる」

その言葉のとおり、おばちゃんたちは村で出会うどの子どもにも声をかける。居合わせた私は、なぜかどきまぎしてしまう。

田舎の、お互い監視するような人間関係の濃密さが一時期嫌われていたし、批判されもした。それは、ある意味で不自由なことだろうなとも思う。

しかし、自由とひきかえに私たちは、非日常を生きる身体と、その礎となる共同体を失ったのではないだろうか。

情報ネットワークと身体

私は電話をかけるのはあまり好きではない。相手の都合がよくわからないからだ。昼寝のさいちゅうならまだしも、恋人と熱い抱擁をかわしているさいちゅうだったりしたら、たまらない。そうでなくても、相手が食事中、就寝中ということはよくあることだ。さらに私は「超」がつく筆無精である。万が一書いたとしても、切手を貼ってからポストまでに時間がかかる。持ち歩いているうちに、書いたことが気恥ずかしく思えてきて、ついつい投函をせずに捨ててしまうこともある。

だから、つい最近まで私には「遠くに住む友人」が非常に少なかった。去る者は日々に疎しである。年賀状も十枚出すか出さないかというていたらくである。しかし、ここ数年状況が変わってきた。インターネットの普及である。市内通話の料金で、日本全国はもとより、世界中のコンピュータにアクセスできる（常時接続なら、月三〇〇〇円程度で一日中ネットにつなぐこともできる）。ポストに行く手間も、重量オーバーの心配もないし、電話のように相手に迷惑をかける心配もない。電子メールは一瞬のうちに送られて、相手はいつでも好きなときに私からのメールを読むことができるからである。数年前は、パソコン通信とかインターネットと言うと、ごく一部の「オタク」がやっているという認知しかなかったが、いまではかなり普及していて結構多くの人が使うツールになってきている。

パソコン通信では、同好の士が集まって、グループで話をしたりすることも多い。もともと友達という人とはもちろん、ネットでできた友達といろいろな話をすることもある。顔も知らない、声も聞いたことがないという相手と、人生や自分の悩みや、社会について延々と話し合うような経験は、インターネットではありきたりのものだ。もちろん、そこに恋が芽生えて、インターネットで知り合った相手とめでたくゴールインということもあるらしい。

もっとも、インターネットはワープロ（またはパソコン）のキーボードに慣れなければあまり実用的ではないため、キーボードに縁のない人たちにはちょっと敷居が高い。

ところで、パソコン通信と似た通信手段にファクスがある。相手の家までの電話代を払わなくてはいけないなどパソコン通信より不便な点はあるが、手書きだろうと、絵だろうとなんでも送れるという利点がある。ファクスなら、相手が留守でも食事中でも関係がない。

ファクスも電話よりは難しそうな気がするが、私の知っている過疎地の村落の一人暮らしのおばあさんたちにはファクスの愛用者が多い。

電話では少し耳が遠くなるととても不便だ。「ファクスを使うようになる前は、電話をかけたほうも、電話を受け取ったほうも、お互いなにを言っているのかわからないまま電話を切ったこともある」というのだ。呼び出し音が聞こえないところで仕事をしているときだってある。電話をしても出ないので、慌てて隣近所に電話をして見に行ってもらったら、当のおばあさんは家の隣の畑で草をむしっていたということだってあったらしい。

それがファクスを送るようにしてからは、お互いファクスを送り合って、日々の無事を確認し合っているという。実際に顔を見るのは時々でも、ファクスがお互いの息災を伝え合うのである。もちろん、ファクスがとぎれたときはなにかあったのではないかと山道を訪ね歩くことになるかもしれないし、役所や近所の人に連絡をして相手の無事を確認しなければならないことにもなるだろう。ファクスは一人で住むおばあさんたちの命綱でもある。おばあさんたちはファクスという近代的機器を媒介にしてお互いに結びついているというわけだ。ネットワークが、身体と乖離《かいり》することなく、息づいているといってもいい。

ひるがえって、我が身を振り返ると、ネットワークと身体があまりにもかけ離れてしまっていることに気づいてしまう。お隣さんとはほとんど顔を合わせることもないし、もしもの事故や病気のときに頼れる関係でもない。パソコン通信のネットワークでつながっている人たちは、私からの通信がとだえれば心配するだろうし、身体が不調だと訴えれば、アドバイスもしてくれるだろう。それはそれで重要だし、ありがたいことだが、実際の身体は孤立したままだ。

外出がままならないときに代わりに買い物に行ってもらったり、ちょっと具合が悪いときに食事の用意をしてもらったり。どちらも、あの過疎地のおばあさんたちが、ファクスを通じて実践している相互扶助であって、そして、どちらも、私が持つネットワークでは、なかなか実現しそうもないことでもある。

インターネットという言葉が巷にあふれ、世界中がネットワークによってつながるような幻想がふりまかれている。しかし、世界中に友達ができようと、どんなに親密に話をしようと、実際の生活を助けることにはなりにくい。情報ネットワークは、人と人を結びつけるが、それだけではなにかが足りないのだ。そのようなネットワークと、実際の身体と身体を結びつけるようなネットワークとのバランスの中で、人は生きるものだ。おばあさんたちの実践の中に、その稀有なバランスの成功例をかいま見ることができるのではないだろうかと思う。

人は情報のみにて生きるにあらずだ。

食べる身体、歌う身体、踊る身体。それから、病む身体、老いる身体。現実の身体を介したつながりなくしては、私たちは生きられないのだから。

言葉と身体

小さい女の子を育てている友人から相談があった。「ねえ、あなたは自分の性器をなんて呼んでる？　なんて子どもに教えればいいのかしら」。彼女の説明は、こうだ。自分は小さいとき母親から女性器のことを「おチンチン」と言われて育ったが、どうも世間的には「おチンチン」というのは男の子のものにつけられた名前らしいということがわかってきて、幼稚園や小学校でかなり混乱したというのだ。だからといって、テレビのバラエティで流れるような関西弁の呼び方で教えるのは嫌だという。

同じようなことは、同世代と言ってよい私にも身に覚えがあった。頭でっかちの早熟な子どもだった私は、親の育児書に「女の子は、成長するにつれ男の子のオチンチンをうらやましいと思ったりします」という説明を見つけ、戸惑った覚えがある。私にはおチンチンはついていないのか。じゃあ、このオシッコをするところはなんて言うのだろう。いま思えば、精神分析学のフロイトの説を曲解した怪しげな記述なのだが、自分の性器を指す言葉が自分の語彙の中にないのをとても残念に思ったものだった。

成長するにつれ、地方の深夜放送などで、私は自分の性器の呼称を知ることになった。それらは、九州方言なので、いまやめったに耳にすることがない語彙ではある。その言葉を知った後でも、友人や姉妹と性器の話をするときには「あれ」、「あそこ」という指示言葉しか用いることはできなかった。同級生で方言での呼び名を知っていたのは、深夜放送に耽溺していた私くらいだったかもしれない。

そんな私が晴れて性器にまつわる語彙を学ぶのは、大学に入ってからである。獣医学の大学に進んだ私は、「解剖学」実習で、身体の各部の名称をみっちり仕込まれたのである。いろいろな動物のさまざまな性器を目の前にして、「これは？　日本語では？　英語は？　じゃあ、ラテン語では？」と深夜まで口頭試問でみっちりしごかれたのだった。性器の名前を口にする気恥ずかしさよりも、口頭試問に落ちてはならじという緊張感と、長時間の実習の疲労の方が強かった。そして、おおっぴらに性器の名称を口にできるという自由を堪能したのだった。

女性器（もちろん男性器も）の仕組みと働き、名前がきちんと理解できるにつれて、長年の謎が氷解していった。いまでは、医療の現場で必要になれば、いつでも性器の名前を適切に使用できるようになったと思う。

しかし、子どもに「お尻の穴、ちゃんと洗ってからお風呂に入りなさいよ」というレベルで、それらの解剖学用語を使う気はまったくしない。子どもだって、迷惑だろう。

解剖学用語は、正確に部分を表すことができるだけで、「女性器（泌尿器生殖器）」というまとまった「私の身体の一部」を表現できないからだ。名前を与えられることで、身体は自分の一部となり、感覚にぴったりと沿うようになるというのに。

私たちが、自分の身体イメージを作る上で、言葉というのは重要な要素となる。自分の生殖器の名前がわからないということは、身体イメージの中で、その部分だけが空白となってしまうことを意味しないだろうか。その空白に、イメージと、そしてそれに付随する名称を、マスメディアが大量に流し込む。それは、性にまつわる奇妙な日本的状況（援助交際、ブルセラ、主婦売春、不倫ブーム）と根っ子のところでつながっているのではないだろうか。

獣医師から人類学に転身してはじめて訪ねたアフリカのある村で、私は、日本と対照的な出来事に出会った。

子どもたちの「遊び歌」を採集していたときのことである。「遊び歌」は、作者不明、いつの時代からか歌いつがれてきた子どもの歌だ。子どもたちが大勢で、笑顔でなにかを歌っているのを私は記録していった。それは、掛け合いのような歌だった。

「子ヤギにミルクをあげましょう
子ウシにミルクをあげましょう
子ラクダにミルクあげましょう」
「私のあの人（＝夫）が帰ってきた。私はなにをあげればいいの？」

主に歌う子どもに呼応して、周りの子どもたちが「ニマート！」と大声で一斉に叫ぶ。そして、破顔一笑。子どもたちは爆笑の渦になる。

ずいぶんと後になるまで、私は「ニマート」という単語の正体がわからなかった。くすくす笑って、誰も教えてくれないのだ。無理に聞き出そうとすると、「それは悪い言葉だから、教えられない」と、澄ました顔で答える。ついに聞き出したときには、帰国が迫っていた。なんと、「ニマート」とは女性器（クリトリス？）の名称だったのだ。

そこの人びとは、近接する周りの部族と違い、女子割礼をしない（女子割礼とはさまざまなレベルで行われるクリトリス切除のことである。いまでもイスラム圏やアフリカの多くの国々で残っている）。彼女たちは割礼をしない自分の性器に誇りを持っているように見えた。

私は、相談をしてきた友人に、結局アドバイスすることができなかった。失った方言を取り戻す方がいいのか、解剖学用語を代替として用いるべきなのか、多少世間とはずれていても彼女が母からもらった言葉を使い続けるのがいいのか、いっそマスメディアに浮遊している言葉に頼ってしまうか。

「ニマート!」と元気よく叫んだ子どもたちの明るい笑顔を思い出すにつれ、悩みは深くなるのである。

＊　子どもを実際に育てるいまとなっても、実は女性器の名称は悩ましい。とりあえず、「お股を洗いなさいねー」とお茶を濁している。最近はネット上で見かけた「まんちー」という言葉がお気に入りだ。「ちんちー」と対になっている。ちょっと可愛い。でも、実際に使うかどうかはまた別の問題なのだった。

ダイエットしたがる身体

久しぶりに都会に出て、地下鉄に乗る機会があった。さすが都会の子たちは洗練されていて、ほっそりしてるなあと人混みにもまれながら考えていると、女の子たちの会話が聞こえてきて耳を澄ます。

「痩せたんちゃう?」

「別に。服のせいかなあ。それより、〇〇ダイエットって知ってる?」

おいおい、君たちのような若いきれいな子はダイエットなんてしなくていいの。私は、三十を超えてたっぷりしてきたお腹と二重顎をその子たちから隠すようにして立ちなおした。

人を外見で判断するのはけしからん、と日ごろ言っている私も、実はダイエットについつい精を出してしまう。もちろん意志がとても弱い私は、途中で頓挫してしまう。しかし、それでも、鏡に映る我が身を見てはいつの間にか、「絶対きれいになってやる」という無謀な決意をしてしまうのである。

二十代の半ばを過ぎるまでは、その矛盾が納得いかなかった。ミスコンテスト（ミスコン）などで女性の美しさに点数をつけるような社会を断固ひっくり返してやると思っていたのに、一方では痩せたい、きれいになりたいと願う自分がいた。ミスコン反対に反対を唱える人たちの「女の美しさは賞賛すべし、ミスコンのなにが悪い？」という言い分に反論できなかった。

そんなときに、人類学者の書いたある民族誌を見つけた(1)。

その中では、女性の美しさは比較や競争にさらされることはないのだという。村の人口が少ないから、成熟期に近づいた少女は、村中の男たちの視線を一身に集めることになる。この経験は、彼女たちの自尊心をかき立てる。ほとんどの女性が「自分は魅力的だ、値打ちがある」と思っているのだそうだ。

ひるがえって私たちの文化ではどうだろうか。私は自分が美しいなどと思えたことはなかったし、いつも比較される恐怖に怯えていた（むろん、美しいと自分のことを思える人もいるだろうが、そういう人は少数派で、かなり幸福な人だ）。

マスコミには、常に「より完璧な美人」という理想が振りまかれている。私たち自身の身体像は、その理想像からの距離で優劣が決まってしまう。

誰かにきれいと認めて欲しいのに、モデルにもタレントにもなれない大多数は、理想への到達距離を測るように体重を量ってしまう。なぜなら「理想」のもっともわかりやすい形が、体重やバストウエストなど数字で表されるものだからだ。

より痩せた方が美しいというのは実は真っ赤なウソなのだが、私たちはこのまやかしの目標を与えられることで、やっと身体を語ることができる。昨日より少し痩せたことが、より理想の身体に近づいたという錯覚を起こさせ、自分の身体にも価値があるのだというわずかな自信を芽生えさせる。

誰が痩せたとか、どうすれば痩せたとかいう話題に私たちが事欠かないのは、それがマスコミが作った虚像の「理想像」に自尊心を根こそぎにされたあとのわずかな抵抗だからである。誰もが自分の身体を価値あるものとして認めて欲しいし、その身体について語りたい。その欲望が友達との他愛のないダイエットについての会話で満たされるのではないか。

この構造は、なにかとそっくり瓜二つだ。日本の社会の中でもう一つ、否応なく数字で優劣をつけられるものと言えば、この学歴社会を成り立たせている偏差値がある。そして高ければ高いほどいいのだと錯覚して、それだけに重きを置く高校の偏差値教育。数字で表されるわかりやすい価値に飛びつくのは、どちらも同じである。

価値が一元化すればするほど、本来の人間の価値とは全く関係がないものとなるのに、勝者と敗者は色濃く分別されてしまう。受験戦争の勝者は、エリートとして生きていくだろう。しかし、ダイエット戦争の勝者は、いい男を見つけて幸せになる……のだろうか。

受験戦争は男も女も参加する。しかし、ダイエット戦争は女の参加者が圧倒的に多い。だから女性は二重の戦争を生きなければいけない（実は私もそうだったのだが、受験が終わったらダイエットすると宣言する女の子は意外と多いのである）。

しかし、痩せれば美しくなれるというまやかしは、偏差値のように単純ではない（偏差値だって単純ではないけれど）。

痩せれば痩せるほど美しいということは決してない。どこかに納得すべき地点があったはずなのだが、努力家の女性はそこを超えてしまう。ダイエットの影にある罠が、「拒食症」「過食症」などの摂食障害である。「過食症」を克服した人の手記がある。『それでも吐き続けた私[2]』の著者は本当に自分の身体のことを語りたかったのだろう。自分の身体と折り合いをつけていくための生々しい体験が綴られている。

またこれらの摂食障害が、いかにミスコンやマスコミの作り上げる虚像によってもたらされているかを明解に分析した『拒食症[3]』は、拒食でしか抗議の声をあげることのできない女性の身体の声に耳を傾け、身体の言葉をつむいでいく。

摂食障害には幸い縁がなかった私ですらも、体重や身体のサイズには常に劣等感を持っていた。私は、女として価値がない、とずっと思ってきたのだった。

自己の容姿の美醜におびえ、悩んだ十代。同級生の男の子が、ひそかにクラス内美人コンテストをやっているのを、私は知っていた。現実のミスコンは、出たい人が出るからまだいい。美醜で勝負しない……と宣言しても、容赦なく降りそそぐ選別のまなざしに、小学校、中学、高校と、私はいつも怯えていた。男子たちは、無邪気に、しかし、残酷に女子を選別した。そして、それらの無邪気なまなざしを、いつも裏から大人の社会が支えていた。ミスコン賛成の人は、それを知っているのだろうか。

女性の美しさは多いに賞賛されてもいいが、それを一元化して優劣をつける片棒を担ぐミスコンを、私はいまでは批判できる。

（1）マージョリー・ショスタック著『ニサ――カラハリの女の物語』（リブロポート）。残念ながら、リブロポートがなくなってしまったため、現在新刊としては入手不可能である。が、単なる「民族の知恵」を超えた生きる知恵が凝縮しているようにも読める。カラハリに住むのは、かつて「ブッシュマン」と呼ばれた人々。一九八ページ参照。

（2）冨田香里著『それでも吐き続けた私――過食症を克服したある女性の記録』講談社、一九九七年（講談社プラスアルファ文庫、二〇〇〇年）

（3）スージー・オーバック著、鈴木二郎・黒川由紀子他訳『拒食症――女たちの誇り高い抗議と苦悩』新曜社、一九九二年

視線の快楽

赤ん坊と身近に接していると、驚くことがたくさんある。

たとえば、赤ん坊が一番嬉しそうな顔をするときというのは、どういうときか。美味しいものを口にしたとき？　大好きな人にあやしてもらったとき？　お母さんにお迎えに来てもらう夕方の保育園？

高い高いをされる一瞬の不安顔と、その後のはじけるような笑顔も捨て難いが、私の印象に残っている笑顔はそれではない。

一歳を過ぎたか過ぎないかのころ。帽子を嫌がる赤ん坊をなだめすかして、実家へ行ったときだった。帽子を脱ぎ捨てないように、「ボーシ似合うねえ、すごいねえ、かっこいいね」とつぶやきながら、赤ん坊の頭を押さえて電車に乗る。なんとか無事にたどりついて、帽子を取った。しかし、どうも赤ん坊の頭には帽子をかぶるとほめてもらえるという回路ができ上がっていたようなのだ。

おもむろに、手近のものをかぶり出した。ハンカチを頭にのせたり、ガムテープを王冠のようにかぶろうとしたり。

はじめは孫がなにをやっているのかいぶかしげだった祖父母も、気がついて笑い出した。

「おお、すごい」

赤ん坊はほめられればほめられるほど、調子に乗る。すました顔で頭にハンカチをかぶっては、「見てる？」という顔で祖父母の顔を覗き込む。「すごい、すごい」と言う声にキャッキャと笑い、大人と目が合っては嬉しさにはじけそうになる。それは、どんなにがんばってあやしても見ることができないような笑顔だった。

注目を集める、視線を集めるということが、こんなにも嬉しいとは。

家では大人の目は主に母である私の目だ。実家に帰ると、大人の目は一挙に三倍になる。赤ん坊にとっては嬉しさ三倍。祖父母の注目を集めた赤ん坊は、全身が嬉しさで爆発しそうだ。一人では生きられない赤ん坊にとっては、第一に大人の視線をつなぎ止めておくことが生き延びることを意味するのだろう。

視線を集めることが不愉快な感じとすり替わるのは、いつごろのことだったろうか。小学校で授業中に立たされて発言したときには、すでにそれは嬉しいことでなくなっていた。そして、大人になって、視線を集めることは別の意味を持っている。

キレイね、センスが良いわね。

誰もが言われてみたい言葉……かもしれない。が、私は苦手だ。他人のことを「キレイ、センス良い」と言う人は同じ口できっと「キレイじゃない、センス悪い」と言っているんじゃないか（言っていなくても、思っている）。あるときにほめられても、その評価は簡単にマイナスにひっくり返る。いや、なにも言われなくても視線が合うのは私には恐怖である。できるだけ目立たないようにしていたいわけだ。それは、思い出せる限りの子どものころからのことだ。

大人の人に出会ったら、挨拶をしなさい。そんな当たり前のことが、子どものころの私には苦痛だった。都会のベッドタウンにいる忙しい大人たちは、子どもと視線を合わせて挨拶をしてくれなかった。いつのころからか、私は大人と視線を合わせることをやめた。満員電車に乗っているときには、皆、一様に視線を逸らし、お互いがまるで人間同士ではないようにふるまう。それと同じだった。挨拶だけはきちんとする。しかし、それは単なるアリバイ作りでしかなかった。親に叱られないためだけの。

そんなかたくなな私でも、赤ん坊を連れて歩くと視線を集めてしまう。ああ、放っておいてくれと心の片隅で舌打ちしながら、足早に通りすぎてしまいたいところだ。しかし、赤ん坊は違う。見知らぬ人であろうと、ちょっと知っている近所の人であろうと、視線が合うとほほ笑む。視線が集まると、とても嬉しい。スーパーの買い物かごのカートの上で、音楽に合わせて踊ることなど朝飯前。レジのお姉さんに愛想を振りまき、手を振る。近所のおばさんたちに笑いかける。

赤ん坊がこんなに社会的な生き物だとは知らなかった。赤ん坊を連れた私の周りは「満員電車」から、普通の人間の社会にゆるゆると溶けていく。視線を集めることが怖くて不愉快。そんな偏屈な私に連れられた赤ん坊は、人間の視線が怖いものばかりではないということを身をもって示す。

この子が他人の視線を恐れるような育ち方を、しなければいい。

なにも知らない赤ん坊は、祖父母のまなざしを思い返しているのだろうか。一人で脱ぎかけたシャツを頭の上にのせて、なにか嬉しそうな懐かしそうな表情で私を振り返った。

そして、視線が合う。視線を合わせることが快楽である得難い一瞬である。

お産する／しない身体

二〇〇一年の年末、マスコミは皇孫誕生のニュース一色になった。たしかにおめでたい。一個人としての雅子さまには、私も心からおめでとうと言おう。

ことの始まりの、いわゆる「ご懐妊徴候報道」のとき、私は白々しい思いでそれを聞いていた。ほとんどの人が、有名無名を問わず向けられたインタビューのマイクに、「おめでとう、素晴らしいです」と満面の笑顔で答えていたのだった。皆、本当に嬉しそうだったのが、とても印象的だった。

しかし、産む、産まないという問題を考えるとき、私は「産めなかった」人のことを考えてしまう。日本では年間の人工妊娠中絶の件数が約三十五万件ある。その半数弱が三十歳以上である。若すぎるわけではない彼女たちが中絶するのは、なぜなのだろう。

産まないことにした人でも「もっと子どもが欲しい。育てたい」というういう人は多い。経済的、もしくは健康上の理由から、または、職業上のキャリアの問題からと、中絶の理由はさまざまだ。私自身、経済的なことを考えると産めない気がして、ずいぶんと悩んだ。妊娠したとき、よほど暗い顔をしていたのだろう。「おめでとう」と言ってくれたのは、ほんの数人だったのだ。

産みたくても産めない人が少なくないこの世の中で、安心して産める人は本当に幸せだと思う。しかし、同じ人間なのに、一方は産める、一方は産めないというこの事態はいったいどうしたことだろうか。雅子さまに「おめでとう」と言った人たちはそのことに気づいていただろうか。世の中がもう少し違っていたら、産むことにした女性はもっともっと多いだろうにと思う。たとえば、経済的な問題がクリアされるだけでも、産む人は絶対に増えるだろう。

「いやあ、おめでたいですねえ。これをきっかけにベビーブームが来てくれるといいですね」とにこやかに応じたのは、いまや時の人となった政治家である。あまりの無神経さに私は耳を疑った。少子化になる原因をそのままに放っておいて、おめでたムードだけで女が子どもを産むと思ったら大間違いだ。あまりにも女をバカにしている。

また、懐妊報道に「ホッとした」という感想が、特に年配の女性たちから多く聞かれた。彼女たちはなににホッとしたのだろう。皇太子妃という地位にある雅子さまは「産まなくてはいけない」というプレッシャーを日々感じているに違いない。産むことで、その重圧から逃れることができる、そのことに安心したのではないだろうか。

本当は、「産む、産まない」を決めるのは女性自身の大切な権利の一つだ。リプロダクティブ・ヘルス／ライツという。何人も、女性は他人から「産みなさい」と言われてはならないし、「産むな」と言われてもならない。果たして、雅子さまにその権利があったのだろうか。私はそれが気がかりでたまらない。それとも、皇室に嫁する女性にとっては、子孫を残すことは義務で、リプロダクティブ・ヘルス／ライツなんて存在しないのだろうか。

長男の嫁になるんだから、男の子を産むのは義務だという言い方には、「そんなん、古臭い！　女をバカにしている。女は子どもを産む道具じゃないよ」と賛成しかねる人も、同じことを皇室に向かって言えるだろうか。

もっとも、「産みたい」と願って不妊治療に通っている人も多い。その人たちにとって、妊娠は朗報だ。

だいぶん前のことだ。インターネット上の不妊治療に励む人たちが集うホームページに開設された掲示板でのこと。「あの方は、私たちの希望の星よ」と書き込みがあった。「私たち普通の女性が周囲から受けるプレッシャーなんて、あの方に比べればたいしたことないよ」。あの方のことを思えば、いまの辛い状況なんて、乗りきることができるというのだ。あの方とは、当然、雅子さまのことだ。

現実の社会では、女性のリプロダクティブ・ヘルス／ライツはまだまだ机上の空論である。あの書き込みをした女性たちは、どんな思いで、一連の報道を見守ったのだろうか。あの方は、まだまだ彼女たちの希望の星なのだろうか。

戦う身体

女性としてはじめて横綱審議会のメンバーに選ばれた内館牧子さんは「女人禁制は、文化の領域なので今後も守るべき」というコメントを発表して物議をかもしている。

いわく、「内館さんは正しい。女性が土俵に上がっただけで、男女平等になるのか」。

いわく、「彼女は間違いだ。この男女平等の世の中に、女人禁制なんて時代錯誤もはなはだしい」。

空手をはじめとして、武道や格闘技全般を深く愛する私としても黙っておれない。さらに、フェミニズムなんて看板をあげていたりしているわけで、この件に関してはよくコメントを求められる。

「どうですか？　やっぱり女人禁制なんて、差別も甚だしいですよね」と、話を振った方は、私が同意することを前提に話を進めることが多い。多くの差別が「文化、伝統」という美名のもとに隠蔽されてきたのだ。だから、私も「女人禁制絶対反対！」と言いたいところなのだが……。

相撲の土俵に女性が一人、年に数回上がるところで、本当になにが変わるというのだろう。男が大多数で女はちょこっとというオモテ社会の構造をみごとに反映しているだけじゃないかと思う。公的な領域であるオモテ社会は、多数の男と、優秀で頑張り屋の少数の女性だけで構成されている。そのまんまじゃあないか。

「土俵は女人禁制」の背景に、「女性＝不浄」という思想が見え隠れすることは確かに問題だと思う。でも私は、男性からも尊敬されるような女性自身が守るべき女性だけの「文化」がない――ことのほうが、より問題の本質に近いのではないかと思う。

妊娠出産、そして月経をケガレたものとしてきた「文化」そのものを問いなおすこと（そして、それらの「文化」も綿々と続いてきたものかというと、とてもアヤシイ(1)。為政者が支配のために捏造した……のかもしれない）。そして、女性が中心となるような「文化」が必要なのである。

男が守ってきた「文化」にエリート女性が参加することは、根本的な解決にはならない。男性を貶《おとし》める必要はさらさらないが、女性が自尊感情を持てる「文化」が必要とされているのだ。「では、女性だけの大格闘技大会をここらで、どーんとやりたいですねえ。男子禁制で」などと、私が続けるものだから、誰も真面目に受け取ってくれないのが難点だったりする。

しかし、私は女性にこそ格闘技や武道を勧めたい[2]。

もちろん、男に勝てるからとか、いざというときの護身とかそういう目的ではない。自分の身体とつき合うときに必ず役に立つ。そして、いざというときに少しでも冷静になれる。残念ながら、日本では（そして多くの国でも）、犯罪被害者は女性が多い。

暴力という問題と向き合うとき、私は格闘技というスポーツ、もしくは武道は役に立つと思う。巷には「暴力はいけない」ということが言われるが、そんなお題目だけで、一体なにが変わるだろう。痛いとは、どういうことか、力によって制圧されるということはどういうことか。力によって相手を制圧するということはどういうことなのか。叩かれれば痛いが、叩いたこぶしも痛い。そういう身体感覚が抜け落ちたまま、マスメディアには、カッコいいだけの正義の暴力がはびこる。特に、子ども向けメディアにはそれが蔓延している。

実際に、自分の身体を使った動きの中で、暴力と紙一重で経験することは大きい。余裕を持ってやっているつもりでも、「痛い！」と思うとカッとなることもあるし、逆にしおれてしまうこともある。同じ自分の身体でも、感じることはさまざま。気持ちが高ぶっているときは、痛みも感じにくい。

どんな修羅場であっても、平常心を忘れないこと。これが、いまの私の最大の目標である。

強くなることは二の次だ（などと言っているから、いつまで経っても弱っちいのだが）。そして、暴力について考え続けること。体育の成績がいつも二で、どんくさくて運動音痴な私が、それでも毎週欠かさず道場に通うのは、その哲学的な問いと向き合うためである。

（1）『古事記』の倭建命《ヤマトタケルノミコト》と美夜受比売《ミヤズヒメ》のおおらかに月経を詠んだ歌はあまりにも有名である。

ひさかたの　天の香具山
利鎌に　さ渡る鵠《くぐい》
弱細　手弱腕を
枕かむとは　吾はすれど
さ寝むとは　吾は思えど
汝が著せる　襲《かさね》の裾に
月立ちにけり

高光る　日の御子
やすみしし　吾が大君
あら玉の　年が来経れば

あら玉の　月は来経ゆく
うべなうべな　君待ちがたに
吾が著せる　襲の裾に
月立たなむよ

また、江戸時代の月経については、渡辺信一郎著『江戸の女たちの月華考――川柳に描かれた藝の文化を探る』（葉文館出版、一九九八年）がおもしろい。
（2）ここでは、格闘技と武道はどう違うのかなんて議論はしない。残念だが。

月経と身体

私は月経が重い。いや、はじめはそうでもなかった。まわりの女生徒たちが「今日はアレだから、お腹が痛い」と鎮痛薬を飲んでいるのを見て、大人だなあと少々あこがれの気持ちで見ていたりしていた。

そのお気楽から一転、二十歳をすぎるころから月経が重くなり唸《うな》って寝込むほどにまでになった。さまざまな鎮痛剤を試し、もともと強くない胃が荒れ、それでも起きられないくらいに痛み、消耗しきってしまう。不順な月経で、いつくるかわからない上に腹痛や倦怠感が強いので、月経が本当に嫌いでしかたなかった。それでも実験系の学部生だったころは、しかたなく身体を引きずるようにして、研究室へと向かっていた。

歳を取るにつれ、その私の月経困難症はひどくなっていった。

その日は、どうしても出たいゼミだった。腹痛と気持ち悪さでもう駄目だと思いながら聞いたゼミが終わり、部屋を出ようとしたときだった。「女は強くなったんやろなあ。わしは今日ものすご驚いたで」と五十絡みの白髪の男性の教官が話しかけてきた。はあ、と軽く受け答えすると、その先生は話を続けた。

「学部の講義でな、いつもな議論とかさせとるんや。そしたら、イキの良い女子学生がおってな、そいつはいっつも元気なのに今日は黙っとる。どうしたんやろうと思って、声かけたらなんて言いよったと思う？」

私がもう一度力なく「はあ？」と答えると、その先生はそうやろそうやろわからんやろというふうにうなずいてから、「その子な、『先生、今日は私、生理だからしんどいんです』って言うんやでー」と、続けた。「わしはホンマに驚いたで。そういうこと言うのが若い子らの流儀なんやろか。そんなのがフェミニズムちゅーもんかいな？　時代が変わったんかなあ」とちょっと困った顔をして見せた。

そんなことに驚くなよとあきれながらも、きっと本当にこの先生は純粋に驚かれたのだろうなと思うとおかしくもあり、「なかなか言えませんけどね、フェミニストでもね」と半分の自戒と半分の皮肉をこめて返した。その先生は「そーやろ」と我が意を得たりという表情になって、去っていったのだった。

そのとき、「私も今日は月経で辛いんです」と言ってやれば、彼をもっと驚かせることができたのにと、後になってちょっと残念に思った。

月経は隠しておくべきもの、特に異性にそれを悟られてはいけないというのが、私の世代のノリだった。不浄とかそういう感覚はさすがにないが、そういうことを口にするのは、はしたないと思わされてきた世代である。

よくよく考えれば、彼氏でもない第三者にとって、誰かが「今日は生理でしんどい」というのは、「今日は風邪でしんどい」とか「今日は徹夜明けでしんどい」、「二日酔いでしんどい」とかと同じくらいの意味でしかない（彼氏にとっては、また特別の意味があるかもしれないが）。事実を言っているだけで他意はないのだが、私はあえて言うほどのことでもないと自分を納得させていた。びっくりして豆鉄砲を食らったようになっていた先生と、「月経でしんどい」と言えなかった私は、実は似たもの同士。女子学生の誰も「月経でしんどい」と言わないから、きっとその男性教官は驚いたのだろうと思う。そうか、言葉にしてこなかった私らにも責任があるんや……と思うが、なかなか言えないものだ。

隠すことが美徳であると、厳しく育てられてきた私は口ごもる。生きる現場で、身体の標準は男性の身体となりつつある。月経のない身体が前提となって、すべてが語られることに不安を覚えているというのに、月経に関して話そうとすると、とたんに口が重くなる。

性教育だけが原因だけではない。

月経は不浄であるという人はさすがに少なくなったが、月経は、腹痛、倦怠感がないとしても、めんどくさいことには変わらない。大量の紙ナプキンの使い捨ても胸が痛むし、コストがかかる。いっそ月経などなくなってしまえばどんなに楽だろうなどと、考えてしまう。そんなことを思っていながら、誇りを持って身体を語ることはできないだろう。自分としては、本当のところは、忘れてしまいたい捨ててしまいたい、疎ましい月経。

そんな月経観を覆したのが、布ナプキンだった。

あるサイトで見つけた布ナプキンは文字どおり布でできている。表面はネル（起毛したやわらかい布地）で中に特許の吸収体が入っているという。洗ってなんども使える。多い日でも安心……だという。

コストも、格安だ。一枚一〇〇〇円ちょっと。紙のナプキンに比べてその値段は高価に思えるが、七枚くらい用意すれば、なんとかなるのだそうだ。あとは繰り返し洗って使える。経血を目立たせないため、布地は赤がメイン。タータンチェックや豹柄などもある。とてもかわいい。

でも、私の目を引いたのは、色や性能、値段だけではなかった。そこに書かれたたくさんの人の使用体験談が、私を驚かせた。布ナプキンにすると、かぶれや局所の不快感がなくなる、腹痛や倦怠感などがなくなる……という体験談にも驚きだが、なにより驚いたのは、「次の月

いろいろ
ナプキンの話

…といっても、紙ナプキンの発売は、1961年
その前は脱脂綿だったそうです。

昔は、こういうのでした。

紙
ウラ
両面テープ
これを下にしてパンツにひっつけるのです。
2コテープが
ついているのが、より
安心でした。
でも動くとすぐずれましたヮ

中は、綿状パルプ
（1964年～）
（手触りは良かったですねー。）

赤ちゃんの紙オムツにも入ってます

高分子吸収体は、1978年から。

今や夜用のパンツ型もあるそうです

形や、ウラの両面テープが工夫されました。
特に羽根付きナプキンは、画期的でした。

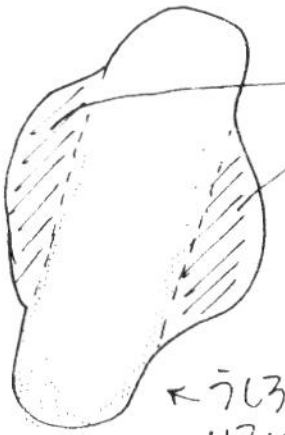

この部分を
下におりこむ
←うしろが長いのとか
いろいろあります。

✿タンポンも便利ですけど、
あまり好きじゃない…。
逆流しそうだし。
（しないハズだけど）

布ナプキンも、この形です。私の買ったやつは、

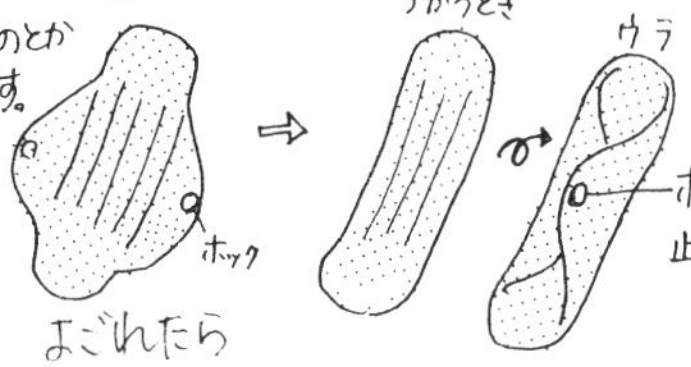

ホック
つかうとき
ウラ
ホックで
止めてある

よごれたら

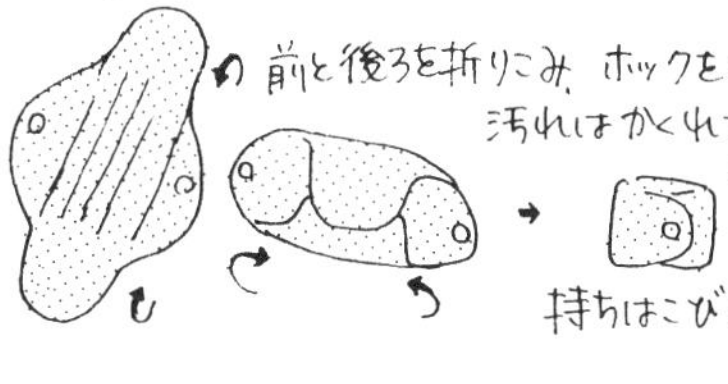

前と後ろを折りこみ、ホックをとめると
汚れはかくれて
コンパクト
！
持ちはこびにGood！

布ナプキンは…

すっごい肌ざわり良いです。
赤い色なのがまたかわいい！

＠男の人も他人事ではないですヨ。

経が待ち遠しくなった」という声が少なくなかったことだ。自分の手で経血を洗うという行為の中に、なにかあるのか。身体から出ていくモノに惜別の情を感じるというのか。

それから、布ナプキンを洗うときに出る経血が含まれる水。それを、植物にかけてやると、植物が生き生きとしてくるのだそうだ。自分の身体から出たものが、植物を生かすというのは、なかなか素敵な感覚に違いない（同じ身体から出たものでも、屎尿はそのままでは植物を枯らしてしまう。堆肥にしてはじめて肥料として使えるのである）。

楽しい月経、素敵な月経。

布ナプキンで広がる世界は、ちょっとすごそうである。

＊ 書籍としては角張光子著『魔法のナプキン』（地湧社、二〇〇〇年）が布ナプキンの作り方などを解説していて読みやすい。
すぐにでも布ナプキンを試してみたいところだが、出産後月経が戻るのが遅い私はいまだに月経がない。子どもの添い寝をしながら出ない乳を含ませているのが敗因だろうか。めんどうくさいので、月経再開はできるだけ遅いほうが楽だなと思ってしまっているところが、また、すでに自分の身体を疎んじているようで、ちょっと反省なのであるが。

脳死・臓器移植と身体

脳死問題が取り上げられて久しい。お医者さんたちに聞くと、「脳死が人の死」であることは自明のようであるし、他人に臓器を提供することは「人類愛の発露」であるそうだ。なんだか、脳死を人の死と認められないと、無知な一般人だと思われそうで、喉まで出かかった疑問や議論を私は飲み込んでしまう。

脳死が人の死かどうかが議論されるようになったのは、臓器移植が可能になったからだ。臓器移植のために血流の維持された身体からの臓器を提供して欲しい、腎臓や角膜だけでなく、心臓や肝臓を移植することが可能になれば、現代の医療で救えない人が救えるのです、と移植推進の人たちは言う。

確かに、自分が臓器移植でしか助からないとしたら、もしくは自分の肉親が臓器移植でしか助からないとしたら、こんなに冷静に考えることは難しいだろうと思う。莫大な借金を作ってでも、他人から「言ってることが違うじゃないか」と責められてでも、親や子どもには生きていて欲しいと思うだろう。私でさえ、そう思う。

それはわかっていても、心のどこかで「待てよ」とひっかかっている自分がある。臓器をあげたい人がいて、臓器を欲しい人がいて、臓器のやり取りがあってなにが悪いのだと言う人もいる。しかし、この理屈は売春の正当化の理屈に、とてもよく似ている。「私の身体を売りたくて、それを買いたい人がいて、合意の上でやってるんだから誰にも迷惑かけてないよ」という理屈だ。この種の、死の「自己決定権」に対する批判は、『死は共鳴する』(1)に詳しい。

以前、冗談半ばで「捨てればゴミ、生かせば資源」というセリフを、医者から聞いたこともある。一瞬耳を疑った。死体になったからといって、その人がゴミになることは絶対にない。医者という立場から見れば、死体には価値がないのかもしれない。しかし、身内の者からすれば、死体であってもかけがえのないその人の一部であり、髪の毛一本ですらいとおしいものなのだ。死の感覚は、生物学的な価値では割り切れないものであるし、生物学的な割り切りができるのが良いことなのかどうか、私にはわからない。いま、ここに生きる人としてのリアリティとしては、私は死を割り切ることはできない。生き返らないと理解していても、亡骸にとりすがって泣く気持ちはよくわかるし、そのリアリティが責められてはいけないと思う。

一口に脳死というものが、どのくらいの頻度で起こっているのか。施設にもよるが、だいたい死者一〇〇人あたり一人だという現場の医師もいる。どんな人も最終的には死ぬわけで、人が一〇〇人いれば一人くらいは脳死だと判定される人が出てくるわけである。高い確率ではないが、知合いの一人は脳死になる人がいてもおかしくないくらいの確率ではある。

一方で臓器移植を待つ人たちは、脳死者の数よりずっと多い。脳死が人の死になって臓器移植がいまより積極的に推進されても、臓器不足は解消されることはないのである。

臓器の分配には、臓器移植推進派の人たちも相当に気を使うらしく、「臓器売買の禁止」と「公正で適切な配分」は常に重要なポイントである。実際には臓器売買は、インドなどの第三世界では普通に行われている事実であり、またそれを買っているお得意さんが日本人であることも事実である（インドでは腎臓の片方を売る人が多い。腎臓は一つでも普通の生活には支障はないからである。ちなみに腎臓一つを売って得られる報酬は二十万円に満たないという）。また、先進国における商品としての臓器については、粟屋剛著『人体部品ビジネス』(2)に詳しい。

もう一つの「公正で適切な配分」は可能なのだろうか。

三十年くらい前、腎臓の人工透析が始まったばかりのころ、当時、高価で希少な透析機械を誰が使うかが問題になった。雑誌『ライフ』の記事は、「誰が生きるか、誰が死ぬかを彼らが決める」と銘打たれ、一大センセーションを巻き起こした。このとき、医療者、宗教家、一般市民から選ばれた覆面の委員たちが、患者の中から透析を受ける人を決めた。その結果、選ばれた人は、子どもが数人いる働き盛りの成人男性であった。選ばれたのは、子どもや年寄りではなかったし、障害者でも女性でもなかった。

今回、臓器移植が普通になれば、その三十年前の苦渋の選択がもう一度繰り返されるのだろうか。今度は、機械が普及して誰でも受けられる医療になった透析とはわけが違う。むしろ、科学が発達し救命率が上がって脳死者が減少すれば、ますます臓器は足りなくなるはずである。臓器移植は透析とは違って、免疫が重要なファクターとなる。だから、男性か女性か、子どもか年寄りかは関係なく、免疫適合性によって臓器が配分されるのだと、専門家は言うだろう。

しかし、同じくらいの免疫適合性を持った人間が複数いたら、どうするのだろう。障害者より健常者を、年寄りより若者を、女性より男性をということになりはしないだろうか。

「人類愛」を掲げるためか、臓器移植に肯定的な女性は意外と多い。でも、臓器移植という医療は、ある意味で命の選別を伴う医療である。誰もが臓器提供者となる可能性があるが、臓器をもらう側になる可能性は、「健常者、成人、男性」という社会の中心から遠ざかるにつれて低くなっていくのではないか。そのことを考えずに、臓器移植に賛成することは、命の選別を自ら受け入れることになってしまうのではないだろうか。

さらに、臓器移植で儲かっている人はいないだろうか……と考えると、なんだかそらおそろしくなる。医者を非難するつもりは毛頭ない。だが、臓器移植をはじめとした現代医療を支えている企業は、「人類愛」によって動くのではない。いつだって、資本の論理が働いている。「人類愛」だけで企業を動かすことはできないのだ。

（1）小松美彦『死は共鳴する――脳死・臓器移植の深みへ』勁草書房、一九九六年
（2）粟屋剛著『人体部品ビジネス――「臓器」商品化時代の現実』講談社選書メチエ169、一九九九年

代理母という身体

不妊のカップルが、最後の手段として選ぶのが代理母。

夫と妻の受精卵を体外で作り、それを第三者の女性の子宮に戻す。手間暇がかかる上に、倫理的に問題とされていてわが国では認められていない。

あるとき、学生たちに「生命倫理」ネタで何が一番気になるかと聞いたところ、代理母がトップとなった。あるタレントさんが、それをアメリカで試みているという報道が連日なされていたころだったから、そういう結果になったのかもしれないが、私の心には別のことが浮かんでいた。

友人の七歳の娘が、女に生まれて損をしたと親を責めるというのである。女は子どもを産まなくちゃならない、子どもを産むのは痛いし怖い。どうして男に産んでくれなかったか、と。

友人は、怖いならば産まなくていいから、結婚しなくてもいいからとなだめたらしい。けどよく考えてみれば、やっぱりその七歳の子の言うことはもっともなのだ。男性は、出産という過程を経ることなく子どもを持てる。痛い思いをしないと子どもを持つことができない女性は、比べればたしかに「損」。

ラディカルフェミニズムの古典、ファイアーストーン著『性の弁証法』[1]によれば、女性が抑圧される原因はその生殖能力にある。女性だけが妊娠出産をするために、その身体の所有権を男性が握っていること、女性にとって生殖能力や出産が社会的地位に大きな意味を持つということを彼女は明らかにした。彼女の言っていることと、七歳の子どもが怯えていることの内実はよく似ている。ファイアーストーンは、「人工生殖」によって、女性が解放されるという。

ファイアーストーンから約三十年。人工子宮はできていないが、他人の子宮を借りて子どもを産んでもらう技術は確立している。腹を痛めないわが子が可能になったのだ。もちろん、痛いからという理由だけでは、代理母を選択することはないのだろうけど。でも、将来代理母が増えていけば、ないともいいきれない。

七歳のその子が特別に怖がりというわけではないようだ。大学生のレポートからも、同じような意見が出てくる。それを見ると、私たちの文化が妊娠出産を怖い恐ろしいものとして彼女たちに伝えてきたことに、あらためて気づく[2]。

出産は痛くない……というのは、ウソ。たしかに痛い。しかし、私にとってその痛みなど、本当になんでもなかった。あの妊娠後期の身体の充実、あの生まれたての赤ん坊の神秘。余裕があれば、何人でも産みたいくらいだ。しかし、はたと考え込んでしまう。遺伝学上では親子でなくても、生まれたての赤ん坊を他人に譲るなんてできるのだろうか。生物学的にも、出産は授乳とセット（だって、我々は哺乳類だ）。母乳至上主義を唱えるわけではないのだが、赤ん坊に一番良い食べのものは母乳だし、母親は授乳することによって、身体が回復していく（特に授乳は子宮の収縮を助ける）。母と子を結びつける精神的な効果は言わずもがなだが、出産後の母子の絆を強めてはいけないのが代理母の矛盾である。

代理母の仕事を拡張して授乳までを含めて「代理」してもらうならば、今度はもっと密着した母子をいつ引き離すかという問題に直面する。実際には乳母というシステムもあったことだし、代理母と子どもがいつでも面会できて、代理母の子どもに対する権利が終生保証されるなら代理母契約も悪くないなどと夢想するが、それはもはや「代理母」とは言えないだろう。

いや、そのうち、代理母ではなくて、ファイアーストーンのいう「人工生殖」が可能となれば、普通に産むことは時代遅れになってしまうかもしれない。もしも、そんなことになったら、いまある出産にまつわる文化は根こそぎになる。いま、女たちが自分の手で出産の物語を手渡す試みは、「出産体験本」という形でかろうじて存在している。

友人の七歳の女の子も、いろいろな出産――楽しい出産、痛い出産、おもしろい出産――があるということを知れば、妊娠や出産を恐れずにすむかもしれない。いや、本の前に、お母さんが彼女にその話をするべきだろう。私がそう言うと、友人は妻に話してみると答えて足早に去っていった。

私の妊娠出産は、いろいろな人のお蔭で本当に楽しかった[3]。

私がいつもそのことを話すので、四歳になった娘はいつも「早く赤ちゃんが産みたいナー」などと漏らすのであった。まだ早いよーと、笑いながら娘の頭をなでる。この子もいつか妊娠出産に怯えるときが来るのだろうか。女に生まれたことを、恨むときが来るのだろうか。

そのときに、たくさんたくさん話したいことがある。

（1）シュミラス・ファイアーストーン著『性の弁証法』（林弘子訳、評論社、一九七五年、原著は一九七〇年）

（2）民族学的知見によると、出産を恐ろしいものとして捉える文化と出産を楽なものとして捉える文化の両方があり、前者では妊産婦の死亡率が高く難産が多いが、後者では安産が多い。人種的にも同じで、環境がほとんど変わらない場合でも差が生じることを考えると、両者の出産の難易を決めるのは、出産に対してどのような心構えであるかということが大きいようだ。

（3）私の妊娠出産に関しては『産みたい〈からだ〉』（春秋社、二〇〇一年）を参照していただければ幸いである。

つながる身体

「ねえ、クローン人間って、興味ない？」と聞かれて私は一瞬固まった。その友人は、同性愛者であって、子どもを持たないつもりなのだという。しかし、自分の遺伝子がこのままこの世から消えるのは、さびしい。だから、自分のクローンを作って育てて欲しいかも……と続けた。う、うん。私はとまどいを隠せない。

当時、異性愛者の私は自分が子どもを持つなんて考えることもなく、ただ、漫然と生きていた。それは、ひょっとすると「なにかの間違いで」子どもを持つことのできる異性愛者の奢《おご》りだったのかもしれないのだが……。

ちょっと後に、クローンがあまりにもトラブルが多いことを知って、彼女の夢はまさに夢と消えた。*

彼女の夢は、私にも理解できる。生物としての自分はいつかは死ぬ。しかし、自分の一部は子どもや孫に引き継がれて生き続けることができる。女は子どもを産むべきとか、産まない自由とか、そういう問題を離れたところで、子どもを持たないことのさびしさはある。産まない自由はあっても、このさびしさは残る。

「自分の」子ども、血のつながった子どもに、人びとは引きつけられる。あるタレントが、代理母出産を試みるためアメリカへ渡ったことは記憶に新しい。こうも血縁幻想は私たちを捉えている。オカルトな話だが、若くして亡くなった人を「口寄せ」などで呼び出すと、必ずと言っていいほど、子どもを持たずに先に死んでしまったことを詫びるのだそうだ。男、女を問わず。親からもらった命を、次の世代にバトンタッチできなかった心残りは、それほど深いというのだろうか。

でも、でも。子どものいる私の言うセリフではないかもしれないが、命のバトンタッチ以外にも、大切なものはたくさんあって、それは子どもがいなくたってバトンタッチされていくのではないか。命を遺伝子と言い換えてもいいし、DNAって言ったっていいが、人は遺伝子のみに生きるにあらず。遺伝子が決めることはほんのわずかのことだ。

どう生きるか、どのように生きるか。無力な存在として生まれ、手間暇を惜しみなくかけられて人は生きはじめる。遺伝子がどうこういう以前に、誰の子どもであろうと、どんな血筋であろうと、赤ん坊は生きるために人の手が必要であるし、人が人として生きるためには、人の手と人の言葉が必要である。ＤＮＡのように目に見える物質ではないとしても、私たちは成長する過程で、いろいろな人からたくさんのモノを手渡されている。そのモノは、遺伝学上の親からだけ与えられるわけではない。

血筋とか遺伝子が、子どもとつき合うときに全然関係ないと言うつもりはないのだが、あたたかい言葉や細々《こまごま》とした手間に支えられて、それらはやっと意味を持つ。血のつながりがなくたって、私は私の一部を他人に与えることができるし、受け取ることができるはずだ。それが、社会というものではなかったか。

私がかつて訪ねたアフリカの伝統社会の人びとは、子なしでもそれほど不幸ではないように見えた。子どもができない人はかなりいたが、それぞれが、当たり前のように貰い子をして子どもを育てる生活を満喫しているように見えたからだ。言われるまで、彼らに血のつながりがないということがとても信じられなかった。

遺伝子に頼らなくても、ＤＮＡに頼らなくても、未来につながるやり方はたくさんある。それが文化というものだし、生命というものだろうと思う。

「私には、世界中に帰る場所がある」と言ったのは、私も尊敬する女性学の泰斗。彼女には子どもがいない。エッセイなどで、ときおりそのことに触れてはいたが、エネルギッシュな彼女には、子どものいないさびしさはいまやどこにもなくて、世界中に彼女のパワーをあふれさせている。

それにひきかえ、私には子どもがいるが、帰る場所はどこにもない気がする。故郷を遠く離れ、仮の住まい仮の住まいを転々としてきた人生。老親の住む田舎も、私にはすでに縁遠い。友人たちは仮想空間のネット上に散らばっていて、生身の私を受け入れる場所なんてどこにもない。そのような深い虚無感を、かろうじて「書く」ことでしのぐ。

血のつながりというものが、私を救うのではない。子どもはいつか出ていくだろう。

私が投げかけた言葉、そして紡いだ思想がアナタに届くとき、私はそこで生きる。アナタの言葉が熱く、私の中で生きているように。

＊ クローン羊のドリーが有名だが、ドリーは関節炎などの症状に悩まされていた。ドリーは二〇〇三年二月十四日にウィルス性腫瘍（羊肺腺腫症）で亡くなった（また、マウスのクローンでは世代が進むに連れて、肥満が増える）。ドリーが生まれるまでに二七七個の受精卵が母羊に戻されたらしい。ということは、非常に少ない確率でしか生存に耐えるクローン（ここでは体細胞クローン）ができないのであり、生まれたとしても、なんらかの障害やトラブルを抱えていることが多いことは予測できる。ドリーをつくった英国の科学者イアン・ウィルムットは二〇〇二年四月、英新聞紙上でクローン個体はすべて遺伝的・身体的に異常があると警告している。

クローン羊のつくり方

受精卵クローン

ウシで実用化されて、市場にも出まわっています。高級なウシの受精卵をつかうのです。子宮で育てるのはホルスタインなど…

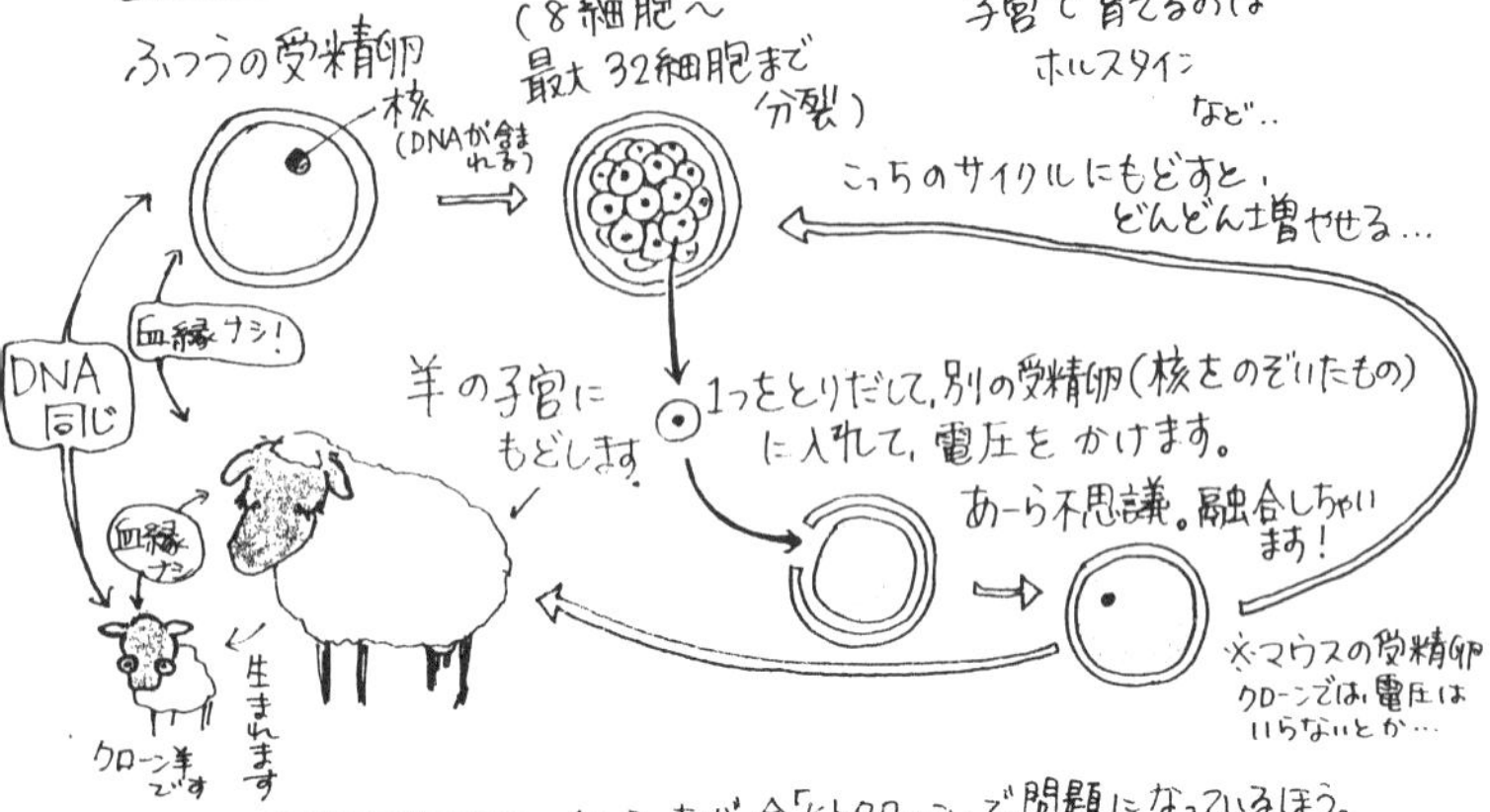

ふつうの受精卵
核（DNAが含まれます）
（8細胞〜最大32細胞まで分裂）
こっちのサイクルにもどすと、どんどん増やせる…
1つをとりだして、別の受精卵（核をのぞいたもの）に入れて、電圧をかけます。
あーら不思議。融合しちゃいます！
※マウスの受精卵クローンでは、電圧はいらないとか…
羊の子宮にもどします。
血縁ナシ！
血縁ナシ
DNA同じ
生まれます
クローン羊です

体細胞クローン

←こっちが今「ヒトクローン」で問題になっているほう。「ドリー」ちゃんもこっち。技術的にもまだまだ問題がありそうです…。

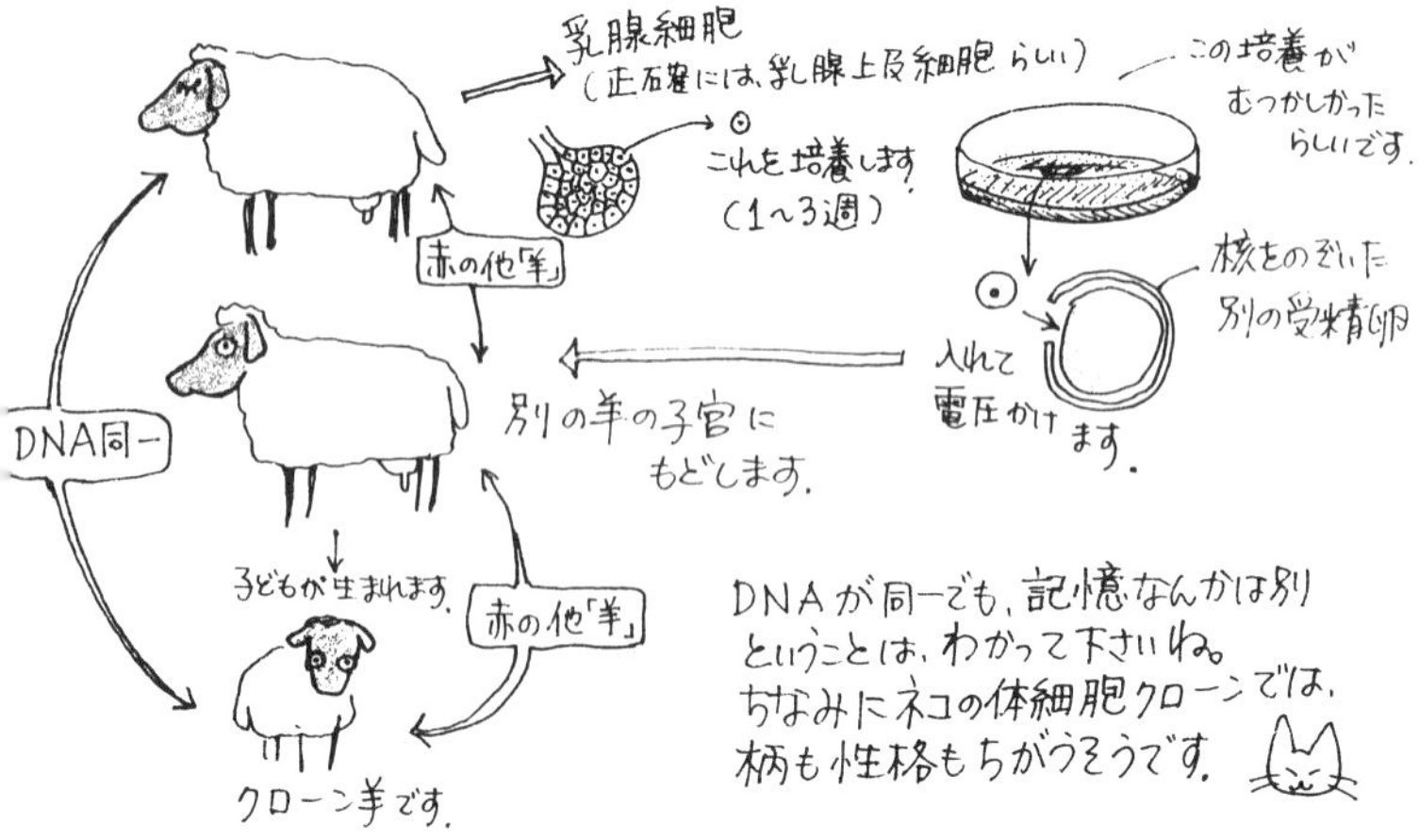

乳腺細胞（正確には、乳腺上皮細胞らしい）
これを培養します（1〜3週）
この培養がむつかしかったらしいです。
核をのぞいた別の受精卵
入れて電圧かけます。
別の羊の子宮にもどします。
赤の他「羊」
赤の他「羊」
DNA同一
子どもが生まれます。
クローン羊です。

DNAが同一でも、記憶なんかは別ということは、わかって下さいね。ちなみにネコの体細胞クローンでは、柄も性格もちがうそうです。

生老病死を生きる身体

四苦八苦といういい方がある。その四苦とは「生老病死」を指す。生まれえること、老いること、病むこと、そして死ぬことが人間の苦しみの中で、避けられない苦しみとして存在するという。

いま、医学をはじめとして科学技術は、この生老病死を克服しようとして進歩し続けている。医者の間では、「病気がなくなる日」がささやかれはじめている。それには、治療法の進歩のほかに、遺伝子の改変によって遺伝病や病気になりやすい体質が改善されるということと、疫学調査によってどのような生活習慣が病気を引き起こすかが明らかになってきていることの二つの理由がある。

病気がなくなるのはよいことだ。確かに、虫垂炎のような病気で死ぬ人が減ったのは喜ばしいことだと思う。

しかし、エイズは流行しているし、結核や黄色ぶどう球菌などの耐性菌による感染は猛威をふるっている。その現実を見ると、「病気がなくなる」というのは医者の妄想なんじゃないかとさえ思えてくる。いや、病気がなくなっても、人間を含めて生き物は死んでいく運命にある。医者を含めて、医療技術はその運命をも敵にまわそうというのだろうか。死なななくなる……ということは無理だとしても、元気に働いてぽっくり死ぬような人生を夢想しているのかもしれない。

そりゃあパラダイスだねえ、とお気楽に喜んでばかりはいられない。痛みのない人生は、最高だろうか。出産にも無痛分娩という方法がある。局部麻酔と神経ブロックを組み合わせて、意識はあっても痛みを感じない状態にして子どもを産む方法だ。「お腹を痛めた子」という言い方があるが、それはこの場合通用しない。お金をかけて、リスク（もちろん麻酔には多少なりとも必ずリスクがつきまとう）を覚悟してまで、痛みを追放したいだろうか。痛みが、生まれ出ようとする子どもとのコミニケーションであり、絆だと思う人は、痛みをそのまま受け止めるだろう。かく言う私も、無痛分娩は御免こうむる。

痛みの意味――というと、実際に病気で痛い思いをしている人には不遜に響くかもしれない。しかし、私は痛みには意味があると思うのである。

痛みや苦しみを耐えることがイコール一人前の大人の証しであるとする伝統社会は数多い。

人は必ず老い病み死んでいく存在であることを、痛みは教えてくれる。痛みは、自分の身体とのコミュニケーションでもあるのだ。

また、身体の問題について考えるとき、生老病死を避けることはできない。はからずも生まれてしまい、老い病み死ぬ存在としての人間。現代の医療技術は生老病死のすべてを管理しようとしている。

まず、生。遺伝子を操作し、生殖過程を体外に取り出し、産む過程から痛みを取り除く。そして老においては、老化遺伝子の特定や、老化をすすめるという活性酸素の排除。病と死においては言うまでもない。他人の身体から臓器を取り出して移植するなんてことが現実化してきているからだ。もはや死は、静かに看取られていくものでもないし、人生を学ぶ場を提供してくれるわけでもない。あわただしく、病院のベッドでの死との戦いと、それに続く死亡判定(や臓器の摘出手術)があるばかりだ。

死にゆく人の精神状態について書かれた一冊の本がある。ミンデル著『昏睡状態の人と対話する』*。ミンデルは、死に瀕した人とさまざまな方法でコミュニケーションをする。彼が注目するのは、呼吸、鼓動、うめき声、微かなけいれんなどである。ベッドサイドで患者のうなり声にあわせ、自分もうなり声を上げる著者の姿は、想像するとちょっと奇異かもしれない。しかし、そのような「微細なシグナル」を手がかりにしたコミュニケーション」でしか、昏睡(半昏睡）状態の人の精神世界を知ることはできないのだという。ミンデルによると、死にゆく人びとの内面は、外見からは想像できないほど実に豊かなものだ。死に瀕した人にも、深い内的感情がある。

さて、人の一生は生老病死である。痛みを避け生老病死から逃げることにばかり血道を上げるのは虚しいことではないか。人は誰もが、私も含めていずれ必ず死ぬのだから。現代の医学はより良い死に方も良い病み方も、教えてはくれない。良い患者になることと、良い病み方、良い死に方を追求することは、むしろ矛盾するかもしれない。

現代医療の設備もほとんどないアフリカの辺境で出会った人々は、良い死に方と病の意味について深い知恵を持っていたような気がする。生と死は身近にあり、彼らはそこから学ぶ。年寄りは堂々としていて尊敬され、妊産婦や子どもには家族だけでなく地域の人々の関心が集まっていた（もっとも、子どもが死ぬのを見るのはたまらなく辛いものだ）。

その辺境にさえ、さまざまな形で現代医療の設備とシステムが入りつつあり、彼らの知恵もいまのままあることは、この先保証の限りではない。いまのままでいて欲しいというのは、私たち工業国の人間たちの奢りであるけども、彼らの生活から、なにかを学ぶことはできないだろうか。

死や病が日常から遠ざけられる現代の私たちの感覚のアンバランスを問わず語りに語るのが、

三面記事をにぎわわせるさまざまなニュースだ。他人の死は、ただの情報でしかなくなり、瀕死の人を前に嘆き悲しむことも、冷たくなっていく手足をさすることも私たちには許されなくなっている。老いることも病も、厄介なだけ。働けない人間を排除するシステムの中で、健康なわずかな間だけ重宝されて、それでいいのだろうか。

老いた人も病んだ人も死にゆく人も皆価値があり、大切な存在だ。なにもできない赤ん坊や子どもたちも、大切にされるべきだし、同様に老いても病んでいても〈私〉にも価値がある。当たり前のことなのに、どこか忘れられようとしている真実。自分の病さえ疎ましく感じてしまうようでは、他人の病はもっと疎ましい。

病気をすること、老いること、どちらも生きることの意味について、私たちに教えてくれる。ままならぬ身体と向き合うことは、一つの宇宙と向き合うことである。DNAがいくら解析されても、身体というその宇宙の不思議を解き明かすことはできない。それを解くカギは、生まれて、老いて、病んで死にゆく人（その中には当然私も含まれる）の中にしかないのではないだろうか。

＊ アーノルド・ミンデル著、藤見幸雄・伊藤雄二郎訳『昏睡状態の人と対話する――プロセス指向心理学の新たな試み』NHKブックス942、二〇〇二年

ミンデルのこの本は、ほかにも驚くようなエピソードに満たされている。うめき声を上げ続ける瀕死の男性によりそって、彼の言葉をたぐりよせると、その男性は、船の幻を見ていることがわかる。船には天使がいて、彼をバケーションに誘っているのだという。彼は働きづめの人生だったので、バケーションに行くのを躊躇していたのだった。ミンデルは、彼にバケーションを勧める。

「アナタは働きづめだった。ちょっと旅行することを考えてみたらどうだい？　つまらなかったら戻ってくればいいさ。楽しければそのまま行けばいい」

「今、アナタは自分でなんでも決められるんだ」

その男性は、すぐにうなるのを止めた。

もう、おわかりだろう。彼は三十分後に息をひきとる。天使とバケーションに行くことを決めたのだった。

ミンデルのこの本が提起した問題は、現代医学の盲点だったといってよい。

本への旅
本からの旅

フェミニズムを読んでみる

フェミニズムってなんだ？　難しそうだとしょげる人もいるかもしれない。

いいえ、難しくないよ――と、私はそういう人ににっこりしてあげたい。中には、「反フェミニズム」を掲げる人もいるけど、それはそれでヨシといまでは思っている。だって、フェミニズムと一口で言っても、本当に多種多様。フェミニズムを標榜している学者さんが言っていることに反発したり、むかついたりすることも私にはある。それは、多くはないけど少ないとも言えない。フェミニストにむかついたことがある人は、イコール反フェミニストだとしたら、私もその一人になってしまう。もっとも、私は「フェミニズム」と冠した運動の中で、自分を助けられ救われた経験がある。敬意を表してフェミニズムという看板を、お借りしているというわけだ。

私は、フェミニズムは一人一派だと思っている。ただ、その一派には、たくさんの仲間があり師がいるのであって、ぜんぜん淋しくはない。一人一派のフェミニズムだから、あなたとはまったく相入れないかもしれない。でも、「私は性別によって不等な扱いをされたくない」というところから話が始まらないだろうかと思う。もっと平たく言えば、「あなたも、私も、一人の尊重されるべき人間である」というフェミニズムの基本に帰れば、相入れないように見えるあなたとの対話の道が開けるかもしれない。

私は、本とも対話する。フェミニズムは多様で「いま、ここ」で生きる人間としていかにまっとうに生きることができるか、をいつも模索している。そして、読書体験は旅でもある。著者のふところへと、生きている場所へと私を案内してくれる。そこは、私と同じ「いま、ここ」でありながら、私の側からは決して見ることのできない顔をしている世界であるかもしれない。

フェミニズムを新書で学ぶ

フェミニズムというと身構えてしまう人のために

フェミニズムを学ぶためのブックガイド……は難しい。フェミニズムは一人一派というくらい多岐にわたっているし、その内容もきわめて多様である。だから、どんな考え方がフェミニズムなのかという根本はともかく、一口にフェミニズムといっても実にいろいろな考え方があるということは、強調してもしすぎることはないからである。

それでも、なおフェミニズム全体を見渡してみたいという無謀な志を持つ人のために二冊の入門書をあげよう。内藤和美著『女性学をまなぶ』(1)と大越愛子著『フェミニズム入門』(2)である。

前者は、「母性」、「暴力」、「中絶」、「主婦」などといった身近なトピックを取り上げ、「女性学」の視点から見るとどうなるのかを丁寧に説明していく。それに対し、後者は「〇〇フェミニズム」といったさまざまなフェミニズムの理論的な最先端まで読者を連れていってくれる(〇〇には、リベラルから始まって、マルクス主義、ラディカル、ソーシャル、エコロジカル、現象学などの実にさまざまな言葉が入る)。たった二年の間隔をおいて書かれたこれらの新書の内容の違いにも、フェミニズムや女性学といったものがどれだけ多様なのかが表れていて興味深い。

というのも、前者の『女性学をまなぶ』では、近年フェミニズムが格闘している問題が、まだまだ無頓着なまま放っておかれている。裏表紙に書かれた「女性《わたし》」たちという言葉が、そのことを如実に物語っている。

つまり、女のおかれた状況は実に多様であって、同じ女性であることが同じ問題を共有するということを意味しない。「わたしたち=女」ではないという気づきが、当初「わたしたち=女」として「女」の問題を語ろうとしてきたフェミニズムの自明性を、揺るがせている。この問題意識は、ポストモダンフェミニズムと呼ばれており、これらの理論的な発展については、後者の『フェミニズム入門』に詳しい。

たとえば、家族をとりまく問題を考えるのに絶好の福島瑞穂著『結婚と家族』(3)。この本は現行制度の矛盾点や男女差別を検証していくという点で非常にすぐれており、家族における女性の問題を深く掘り下げている好著である。が、「家族」のあり方自体、もしくは「家族」そのものを問うという視点はない。書かれた時代背景を考えればいた仕方ないことなのかもしれないが、異性愛カップルの「家族」を中心に据えて議論していることや、「結婚と家族」をセットにして考えることに違和感を持つフェミニストも多数存在している。著者の福島が国会議員として推進している「夫婦別姓」すらも、すべてのフェミニストにとっての総意ではない。

前述のようにフェミニズムは当初、同じ「女である」という前提を共有することによって、女の問題についてさまざまな問いを投げかけてきた。一方で、女をとりまく状況はここ数年で大きく変化しており、「女性」と一括りにすることは難しい。が、そう言いながらも、古典的な「女性全体」にとっての問題が解決したわけではないことも明白である。学問としてのフェミニズムがどんどん先に進んでも、のろのろとしか変わらない現実もあるわけだ。フェミニズムを学ぶためには、この苛立たしい歩みの遅い現実と、第一に向き合わなくてはいけない、と私は思う。

現実と向き合う

ここに田中萌子著『知事のセクハラ　私の闘い』[4]がある。これは、あの大阪府知事選挙でセクシュアルハラスメントを受けた被害者である女子大生の手記である。著者の怒りと悔しさと、歩んできた長い闘いの道のりに、読者は圧倒される。このようなセクシュアルハラスメントが一九九九年の段階で、平然と行われていたということに震撼してしまう。この著者が勇気を出して告発しなければ、このことは明るみに出ないままで闇に葬られてしまっただろう。著者のことをフェミニストだとか、フェミニズムが彼女に勇気を与えたなんて言うつもりはない。ただ、フェミニストがどんなに闘い続けていても、セクシュアルハラスメントがどんなに卑劣な差別的行為であるかを声を大にし続けても、このような事件が起こったのである。

もう一つ。東京新聞特別報道部編『連鎖・児童虐待』[5]は、ここ数年頻度を増した児童虐待のルポであるが、それだけに終わらない。なぜ児童虐待が起こるのかについて、一人ひとりの事例をもとに問いを投げかけていく。もちろん簡単に結論は出ないのだが、女性がおかれた状況、男性がおかれた状況のそれぞれのゆがみや軋《きし》みが児童虐待を引き起こす大きな要因であろうことは、想像に難くない。

フェミニズムがかつて問題にしてきた「母性神話」は、いまだにいまを生きる母親の中に巣くっている。母親は無条件に献身と慈愛を持っているべきだといううちなる声に脅かされて一人で悩む母親と、男は男らしくと育てられ子どもとの関わり方がわからない父親。社会から切り放された核家族の中で、孤立させられる育児。彼女／彼らに届く声を、いまのフェミニズムは持っているだろうか。

また、家族をめぐる状況の大きな変化の一つに、生殖技術の発展がある。「優生保護法改悪阻止」のために立ち上がったウーマン・リブの時代から、生殖をめぐる問題は、実践としてのフェミニズムの大きなテーマでもある。金城清子著『生殖革命と人権』[6]は、少し古いが生殖技術の進歩と問題点が簡潔にまとめられている。が、この本の中では「子どもを欲しい」という欲望の自明性は疑われることはないし、生殖技術によってモノ化させられる女性の身体のあり方を不安に思う読者には、少々ものたりないかもしれない。

一人の人間として、子どもを産むということに向かい合い、徹底的に耳を傾け、そして問い直す労作に吉村典子著『子どもを産む』[7]がある。自身の出産体験から近代医療における出産に疑問を持ち、山間部や島へ出かけ昔のお産の聞き取り調査をしていく。その中から浮かび上がるのは、子どもを産むことを起点に、女性たちへの強い共感と愛情とによって紡がれる物語である。著者は、フェミニズムという言葉を使ってはいないのだけれど、このような知性のあり方こそが、フェミニズムとして評価されてもいい。

最後に、小谷野敦の『もてない男』[8]をフェミニズムの関係でとりあげると意外に思う人がいるかもしれない。しかし、彼の諧謔的なレトリックはひとまず置くとして、ここに描かれているのは、恋愛という制度にがんじがらめにされた近代人の、男性からの異議申し立てである。そのルサンチマンの視点はフェミニズムと切っても切れない関係にあるのだ……と言ったら、著者は不本意だろうか。

（1）内藤和美『女性学をまなぶ』三一新書、一九九四年
（2）大越愛子『フェミニズム入門』ちくま新書、一九九六年
（3）福島瑞穂『結婚と家族――新しい関係に向けて』岩波新書、一九九二年
（4）田中萌子『知事のセクハラ　私の闘い』角川ｏｎｅテーマ21、二〇〇一年
（5）東京新聞特別報道部編『連鎖・児童虐待』角川ｏｎｅテーマ21、二〇〇一年
（6）金城清子『生殖革命と人権――産むことに自由はあるのか』中公新書、一九九六年
（7）吉村典子『子どもを産む』岩波書店、一九九二年、品切れ
（8）小谷野敦『もてない男――恋愛論を超えて』ちくま新書、一九九九年

ノンフィクションで考える〈オンナ〉の未来

〈オンナ〉であること

「私たち＝女」ではないとするならば、「私＝女」もアヤシイかもしれない。女であることの経験の内実は、一人ひとり違うものであって、「女」と一括りにしてしまっては、大切なものがこぼれ落ちてしまうような気がする。私の経験も「女」のものである前に、「私」のものなのである。しかし、それでも、やはり女であることのわずかな共通領域を求めて、ひとまず私は私の性別を〈オンナ〉と呼ぼう。

〈オンナ〉はどこへいくのか。男女共同参画がやっと叫ばれているこの国にあって、相変わらず私は居心地が悪い。そんな私たち〈オンナ〉の未来は、どこにあるのだろうか。

もちろん、「私たち〈オンナ〉」の内実はさまざまである。〈オンナ〉の内部では、常にマイノリティの人たちから、〈オンナ〉への意義申し立てがある。〈オンナ〉であることが、異性愛者であることや母であることを意味すると考えるのは早計。大多数の人間が無意識に持つ〈オンナ〉の物語を批判したのは、すでに古典とも言えるジュディス・バトラーの『ジェンダー・トラブル[1]』である。バトラーは、〈オンナ〉というカテゴリーが捏造されたものであること、そして、その身体という根拠すら作られたものであることを鮮やかに分析してみせた。その結果、無意識に〈オンナ〉を前提としていた〈オンナ〉の共同体は存在理由をいま一度問われることとなったのである。

同じ〈オンナ〉であっても、さまざまな選択があり、多様性がある。その中でより良く生きるためにはどうしたらいいのだろうか。どんな未来が望ましいのか。

かつて、男と同等に「仕事」(＝支払い労働)に自分を見いだそうとした女性たちの生きる道は、険しい道行きだった。佐野眞一著『東電OL殺人事件[2]』、『東電OL症候群[3]』では、昼間はエリート、夜は売春婦として街角に立っていた被害者に対して、多くの読者から共感が寄せられたという。

男性中心社会において「仕事」に邁進するということは、〈オンナ〉をどこか振り捨ててせねばならない行為であったに違いない。失われた〈オンナ〉性を取り戻そうとして売春に励んだ被害者。彼女は、〈オトコ〉社会と〈オンナ〉である自分との深淵をアクロバット的につなげようとしたのではないか。十全に生きるために、彼女はそうせざるを得なかったのではないかと思うと胸が痛む。

「私こそは東電ＯＬだ」という多くの声は、この男性中心社会への適応が〈オンナ〉にとっていかにアクロバティックなものなのかということを問わず語りに語っている。「仕事」が〈オンナ〉であることを引き裂いてきたのである。

この社会に迎合して〈オトコ〉になるのではなく、〈オンナ〉であることを否定せずに生きるすべはないのだろうか。その可能性を提示してくれる本をいくつか挙げたい。

「もうこの国とこの時代には、スタンダードなスタイルとルールはない」と看破するのは、まついなつきである。出産本で一世を風靡した彼女の最新刊『愛はめんどくさい』(4)には「仕事」を持つ著者と、ほとんど仕事（家事含む）をしない夫との擦れ違い、離婚が描かれた。「重要なのは、子どもが大人を信頼して、毎日生きていけること」と結論する彼女に悲壮感はない。その信念は、子育てや家事などの不払い労働（アンペイドワーク）への深い洞察によって支えられている。不払い労働を決してバカにせず、その意味をきちんと理解した上で彼女の「仕事」があるように見える。それは、単純な専業主婦批判でもなく、「仕事」賛美でもない。

出産本でもう一人。内田春菊の最新刊『愛だからいいのよ』(5)。年下の新しい夫と暮らし、四十二歳にして第四子を出産するパワフルな彼女の目下の懸案は、以前の夫に支払うべき慰謝料。ベストセラーとなった出産本の著者二人ともが、そのときの夫をリストラしたのは偶然の一致だろうか。「仕事」を持ち、きちんと稼ぐ〈オンナ〉として、この二人の選択はある。自分が自分としてあることを支える「仕事」への誇りと、弱者（子ども）へのまなざしと責任が〈オンナ〉の生き方の新境地を拓く。

弱者といえば、「仕事」と恋愛と介護、その三どもえを向こうに回した遙洋子著『介護と恋愛』[6]がおもしろい。どんなに苦しくても、「仕事」をすること、「仕事」を通して社会と関わることを彼女はやめない。カッコイイ彼氏のプロポーズにぼーっとなったり、老人性痴呆となった父親の介護にウンコまみれになったりしながら、狂騒の日々は続き、そしてそれは父親の死によって突然終わる。身も蓋もない現実がそこにはある。「仕事」をやめない〈オンナ〉であり、なおかつ介護と四つに組むなんて並大抵のことではないし、さぞしんどかっただろうと思う。が、そのしんどさが少しでも軽減されるような未来を作ることができるのは、そのしんどさを知っている人間である。

『働く私に究極の花道はあるか？』[7]の中で、速水由紀子は次のようにいう。「社会的に認められポジショニングを上げることは、社会的な活動でしかできっこない」。働く私にしか、究極の花道はないのである。誰かに養ってもらい不労働所得で生きることは、社会的には隠遁しているとこに近くはないか。家庭の中にだけ自己の居場所を確保したところで、それはしょせん家庭の中の居場所であって、社会での居場所ではない。社会で働くことは、社会に居場所をつくるためにも有益な方法の一つなのである。そこに気づいた若い女性たちの「仕事」の生態が活写されていて、現実が変わりはじめたことがひしひしと伝わってくる。

オルタナティブな未来

しかし、〈オンナ〉にとってのよりよい未来は、女が変わるだけでは実現しない。男はどう変わるか。もしくは、まったく変わらないのか。男性が「仕事」を日常の視点で論じたノンフィクションは意外と少ない。〈オトコ〉は「仕事」をするものだ……という思い込みがそれ以上の思考を妨げるのか。

男性からの〈オトコ〉社会への異議申し立てとして、J・ストルテンバーグ著『男であることを拒否する』(8)がある。ラディカルフェミニズムと真摯に格闘した著者は、支配と所有によって特徴づけられる〈オトコ〉のセクシュアリティを徹底して批判する。男女平等を叫ぶ人であっても、自分の私室でのポルノグラフィは別だという人は多い。著者の潔さに、〈オトコ〉の変化の一端を垣間見ることができる。

しかし、競争や支配、所有、といった価値によって体系化されるのはなにもセクシュアリティだけでなく、男性中心社会そのものの特徴でもある。これが現在、未曾有の大不況によって変わりつつあると指摘するのは、上野千鶴子著『サヨナラ、学校化社会』(9)。多様なライフスタイルが共存する社会においては、〈オトコ〉だとか〈オンナ〉であるとかはあまり意味がなくなるのだろうか。〈オンナ〉/〈オトコ〉であることによって生き難い思いをする人間は、いなくなるのだろうか。

最後に、現実に存在する女性中心社会についてのレポートを紹介しよう。V・ベルホント＝トムゼン編著『女の町フチタン』[10]である。かつて、人類学では母系制社会とは「母方オジ」が権力を握る社会のことであった。しかし、ここに登場するのは紛れもなく、本物の母系制社会である。女性が中心となって経済活動を担い、家財産も女系で相続される。そんな女性中心の文化が存在するメキシコのフチタンという小さな町。そこでは、男、女、第三の性、第四の性が往来し、地域を起点とした小さな経済（サブシステンス経済）が営まれている。

〈オンナ〉として生まれて本当に良かったと、フチタンの女たちは言う。そして、そのことは、〈オトコ〉として生まれた者の不幸を意味しない。女性中心社会は、男性中心社会の単純な裏返しではないからだ。そのことに、勇気づけらるのは私だけではないはずだ。

男性中心社会が単純にひっくり返るような未来は地獄絵図であり、誰も望まない。私たちは、オルタナティブな未来を求めていくほかないのである。

（1）ジュディス・バトラー著、竹村和子訳『ジェンダー・トラブル——フェミニズムとアイデンティティ

ティの攪乱』青土社、一九九九年
(2)(3) 佐野眞一『東電OL殺人事件』二〇〇〇年、『東電OL症候群』二〇〇一年、ともに新潮社
(4) まついなつき『愛はめんどくさい』メディアワークス、二〇〇一年
(5) 内田春菊『愛だからいいのよ』講談社、二〇〇二年
(6) 遙洋子『介護と恋愛』筑摩書房、二〇〇二年
(7) 速水由紀子『働く私に究極の花道はあるか?』小学館、二〇〇一年
(8) ジョン・ストルテンバーグ著、鈴木淑美訳、蔦森樹監修『男であることを拒否する』勁草書房、二〇〇二年
(9) 上野千鶴子『サヨナラ、学校化社会』太郎次郎社、二〇〇二年
(10) ヴェロニカ・ベンホルント＝トムゼン編、加藤耀子・入谷幸江・五十嵐蕗子・浅岡泰子訳『女の町フチタン――メキシコの母系制社会』藤原書店、一九九六年

本書には、女性中心社会の生き生きとした描写が多い。読みながら脳裏をよぎるのは、「これは本当のことなのだろうか?」という疑念である。

あるとき、たまたま出会ったメキシコ研究者に、この本に書かれてあることは本当かと聞いたことがある。彼女は、フチタンを知っていたが、まだ行ったことはないので……と言葉を濁した。人類学者というものは、自分自身で見聞きしないものには、いたく懐疑的なのだということを再認識した一こまであった。

かつて、マーガレット・ミードの『サモアの思春期』(畑中幸子・山本真鳥訳、蒼樹書房、一九七

六年）という本があった。その本は、サモアの人びとの自由奔放な性生活を描いて、いちやくベストセラーとなったのだが、後年、この「自由奔放な性生活を送るサモア人」という描写は、ミードの思い込みであって現実とはまったく異なると批判されたのだった。デレク・フリーマン著『マーガレット・ミードとサモア』（木村洋二訳、みすず書房、一九九五年）。

このミードの事例を思い出して、私は口の中が苦くなった。フチタンも著者のベルホント＝トムゼンらの「思い込み」であったら？　そうでないという保証はない。

しかし、それでも何度もこの本を読み返してしまうのは、描かれている女性たちの人生が魅力的で圧倒的に美しいからである。所有する者であり、采配をふるう者である力強い女性たち。尊敬されて生きる女性たちに、日本に生きる現実の自分を重ねようとして、私はその落差に啞然とする。しかし、啞然としながらも、「女であること」の多様性と可能性に勇気づけられる。著者たちも同じ想いであったに違いない。行間から著者たちの驚き、羨望の念が伝わってくるからである。

この本は、フチタンの女丈夫たちの描写だが、そこには、それを言葉へと写し取る女（著者たち）の位置、そして読む女（読者）の位置があぶり出されてしまうように思える。

日本初の女性学事典を読む

日本に固有の問題をとりあげた好著

上野千鶴子他編『岩波女性学事典』（岩波書店、二〇〇二年）が、「日本の女性学、フェミニズム初の事典」という事態に改めて驚かされてしまった。女性学、フェミニズムは日本に定着した、制度化したと言われているが、いままでこのような事典は日本には存在しなかったのである（しかし一方、翻訳の「女性学、フェミニズムに関する事典」は、ざっと見渡しても、少なくとも四冊は出版されている）。

翻訳の事典はABC順で引かねばならないし、読みたい項目の英語をいちいち索引で調べる手間もある。英語になれていない読者には、不親切きわまりない。もちろん翻訳の女性学事典では、欧米のフェミニズムが中心であって日本の読者にはなじみのない項目も数多い。また、日本の女性学やフェミニズムの実態について細かく記述があるわけではない。今回のこの事典は、それらのことに留意したものになっている。

たとえば、「天皇制とジェンダー」、「仏教と女性」、「農業と女性」など日本に固有の項目の記述や、育児、介護などの女性をとりまく福祉制度に関する具体的な情報、女性解放に貢献した日本人の項目も充実している。また、「障害者のフェミニズム」は当事者が執筆、「生殖技術」、「出生前診断」などには最新情報が載せられている。

編集委員の五人ともが大学の教員であり、アカデミズム的な記述に傾きがちな面を、豊富な統計資料や生活に直結する関連法などの項目の充実によってバランスを取っている。また、執筆者の多くがアカデミズムの人間であることは、日本のフェミニズムの担い手が、そこに多いということを示しているが、内容はむしろ平易でわかりやすく、読み物としても十分におもしろく、目先がきいている(もちろん、中には最新の知見を盛り込もうとして、一見難解に見えてしまう項目などもあるが、それはそれで「いま」の女性学のダイナミズムを生き生きと感じることができるのである)。

項目の選択も比較的新しいトピックスを重視しており、同時代を生きる者として読者は女性学、フェミニズムの現場へといざなわれることになる。

だが、事典としての全体の作りにもう一工夫あってもよかったのではないかと思わないでもない。権威を否定し、多様性を尊重する中で手探りで進んできた日本の女性学とフェミニズム。その事典なのだから、従来どおりのスタイルの編集の事典がふさわしいかどうか。編集委員が項目を決めて項目執筆を依頼し、上がってきた原稿をチェックするという普通のやり方ではない、ほかのやり方がなかったかと思う。日本初の『女性学事典』なのだから、もっとオープンに大勢を巻き込むようにやって欲しかったとも。事典を作るという行為自体が、女性学の、フェミニズムの実践になるような、そんな編集方法はなかっただろうか。女性学と銘打つならば、事典編纂の過程や方法にも、読者にわかるような、ほかの事典とは違う工夫や仕掛けがなにか欲しかった。

ちょっとした気がかり

二つ気になったことがある。

一つめは、巻末に参考文献リストがないこと。そこは、翻訳の事典との大きな違いである。そもそも、どの項目にも書籍の紹介が少ない。もちろん、人物名の項目は別で、その人の著書が紹介されているが、一般的な項目には本の紹介がほとんどないと言ってよい。たまにあっても出版社が書いてない。インターネット時代だから、著者名と書名と出版年がわかれば、ネットですぐに調べることもできるが、これは不親切なのではないかと思う。

事典を読む楽しみの一つは、事典が次の本を紹介してくれて、どんどん世界が広がること、本の旅に出かけることにある。その楽しみが、この事典にはあまり多くない。多くの項目執筆者が、日本での第一人者であって、自著を紹介することがためらわれたのだろうか。この項目なら、この人のあの本をというのが載っていない項目を見るのは、非常に残念である。かわりにURL集は充実している。本の旅には出かけられないとしても、ネットサーフィンには出かけることができそうだ（ただ、URLは、一度変更になってしまうとアクセスが難しい。コンテンツの保存も移行期なだけに、このURL集が何年後まで使えるかは、不安なところだ）。

もう一つは、非常に些末なことではあるのだが、本文中「フェミニズム・アート」の項目にも名前が紹介されている石内都のモノクロ写真が装丁に使われていることである。函の方は組み合わせた手のしっかりと年齢を刻んだ存在感のある写真であるのに対して、カバーは女性の裸の身体の背側からの肩甲骨から腰骨までの写真が飾る。

彼女の撮る写真の、もう若くはない女の生きている歴史が滲むような静かな迫力が好きである。しかし、カバーに使われている写真は、装丁によってゆるやかにくびれたウエストがどうしても一番目立つ。『女性学事典』のカバーを女性の「ハダカ」の無防備な身体の写真がどうして飾っているのだろうか。なにも知らない男性（とここでは限定しよう）は、どのように見るだろうかという思いが、頭をよぎった。その不安は、後に的中することになる。

公立の図書館で、この事典を広げて作業をしているとき、隣の初老の男性の視線が気になった。しきりに『女性学事典』のほうを見ている様子だったのだ。ほかにも女性学関係の本を、広い机いっぱいに広げて作業していた私が珍しかったのか、それともやはり、「女のハダカ」には男たちは餌付けされてしまっているのか。気になってしまった私は作業を中断した。早々に荷物をまとめて、図書館を後にしたのである。

『女性学事典』には「ポルノグラフィ」の説明は次のようになっている。

女性を客体化し、女性の身体を分断化する視線による性的な表現(後略)。

つまり、視線の主である見る側の持つコンテキスト(文脈)によっては、どのような図像もポルノになりうるということだ。だが、やはり「女のハダカ」は、容易にポルノへと結びつけられやすい。

「女のハダカ」である限り、現代の日本ではポルノグラフィとして観賞されない自由は保証されない。その写真が石内都の、あの写真であっても。それでも、「ハダカ」の写真をカバーに選んだということは、なにを意味するのか。身体をがんじがらめにした性的な視線の鎖から、女性が自分自身を解き放とうとすることの象徴だろうか。

函から出した事典を持ち歩く者は、どう見るか、どう見られるかのダイナミズムを感じざるを得ない。私の隣に座った男性も、別のものに気を取られていたのかもしれないのに、私はこの『女性学事典』のカバーのせいだと思い込んでしまっていた。その不安と、「自意識過剰」は、フェミニズムが解きほぐすべき課題の一つである。「ハダカ」だろうとなんだろうと、いいじゃないかと言える日がくるように。

しかし、いまはまだ、「ハダカ」のカバーは私を緊張させてしまう。

このカバーの緊張感がこの事典の、いや日本の女性学、フェミニズムをとりまく状況をもっとも雄弁にもの語っているのかもしれない。

いろいろな生き方へ

かつて女の幸せは、結婚だと言われていた。結婚ですと？　いまは笑うしかない。いい男を捕まえるために、「女を磨く」という愚の骨頂。「人間を磨く」の間違いじゃないのかと、私は気分が悪くなる。いい男に選んでもらうためのその奴隷根性が、あさましくも悲しく思えてならないと書けば格好がいいが、ブスのひがみ、デブのなげきと言われても私は反論できない。私だっていい男は好きだし（いい女も好きだが）、キレイになることが悪いことだとは思わない。でも、「女を磨く」ことと「人間を磨く」ことが、かみ合わないのはなぜなんだろう。「男を磨く」というコピーは男性化粧品売り場かどこかで見た憶えがあるのだが、「女を磨く」のも、やっぱり外見がメインのことなんだろうと思う。

やっと最近は、幸せな結婚が人生のゴールでもないということが当たり前になった。シンデレラ姫や白雪姫は、王子さまに見初められて「めでたし、めでたし」で終わるけれど、実際の人生は、そこからが長いのだ。そこから、山があり谷がある。それに、長く続く平成不況のせいで、いい男だっていつリストラされて文無し男になるかわからないご時世になった。好むと好まざるとに関わらず、女は生き残るために「幸せな結婚」を目標として「女を磨く」以上の人生を生きなくてはいけなくなった。

だから、キレイなだけの女はもう古いのである。

いや、そもそも「キレイってなんだ？」という疑問もあるわけで、そういうことを真面目に考えているうちに、女の人生は実にさまざまになっていく。キレイでもいいけど、キレイじゃなくたっていいじゃないの。美人のあなたの生き方も、そうじゃない私の生き方もアリなんだ。「女を磨か」なくたって生きていけるかもしれないと、私がいつしか気付いたのは、さまざまな女たちのさまざまな生き方があったからだ。

いろいろな女の（男の）生き方が私を勇気づける。がんじがらめになった「普通の女の幸せ」伝説から、私を解き放ってくれる。

うん。大丈夫。

自分探しの「過激な」旅路

雨宮処凛『生き地獄天国』

最初、手にとったときから、著者雨宮処凛《かりん》の起爆力のある文章に押されっぱなしになってしまった。ポップで毒のある装丁もすごくいい。しかし、帯のアジ文のような煽り「読めば、救われる」に、救われたくなんて、微塵もない私は、心の中で「マイナス二十点」と舌打ちしながらページをめくる。救われる？　なんて、安易な。

こちらをギロリと睨む帯の著者の姿は、「可愛いおネエちゃん」でも「きれいな若い娘」とも少し違う。ミニスカ（ミニスカート）からむき出しの脚がキレイだなあと見とれると、ぶっ飛ばされそうな気迫。メディアに垂れ流される笑顔の「若い女性」の小ぎれいなイメージに飽き飽きしている身には、著者の反抗的なまなざしがかえって新鮮だ。

「私に洗脳されて困るような脳みそなんて、初めからない」といみじくも著者自身が語るように、彼女の行動の軌跡はぶっちぎりの振り幅である。サブカルにはまりイベントをやるかとックやジャックに乗り……

思えば、右翼にはまり突撃隊に入り街宣。そして、北朝鮮に行きかつての「よど号」ハイジャック犯たちの家族たちと国家や民族を語り合う。さらに、彼女は人形も造る。その人形の、恐ろしいほどの存在感、不気味さが異彩を放つ。

右にも左にも囚われない、言うなれば彼女は超翼である。あのオウム真理教にも憧れ、オウム体験者たちに対する深い共感もある。

どん底のいじめ体験から始まる、自分探しの旅……と括ってみればそれまでなのだが、普通の人はこんなふうに過激には旅に出られない。「居場所がなかったからこそ、私は、どこへでも行くことができる」と著者は誇らしげに言う。

「私を必要とするなにか」を探す著者の旅の目的は、たぶん私も含めて同世代の共通の目的だろうと思う。私たちは、生まれたときからご飯を腹一杯食べることができて、温かい寝場所も用意されている。そればかりか、適当におもしろいテレビを見放題。一見幸せそうに見えるのだが、この生ぬるい世界では、「私」は誰も必要としないし、私は誰にも必要とされないように思える。そう。誰も、私を産み出した世界ですらも「私」を必要としない。

孤独と言っては笑われそうな感覚だ。親きょうだいがいないわけでも、友だちがいないわけでもない。飢えを知らない私たち。世界中にこんなに恵まれた場所はありませんよと叱られるかもしれない。しかし、一方ではこの「恵まれた場所」に居続けていいのか。ホントにこのままでいいのかという焦燥感は、じりじりと心を焼く。自己と社会との関わり方や、世界の行く末を少しでも考えた者は、そんな苦しさを背負うことになる。その苦しい体験を、著者と私たちは共有している。

もっとも、本書の中で著者の惹かれる思想は、大きくて、力強くて、格好良くて、はっきりした主張だ。言い換えれば、より父権的な主張だと言ってもよい。たしかにわかりやすいし、依存するのも簡単である。そんな父権的な空間にミニスカートの（写真で見る限り華奢な）若い女である著者が出入りするのは、それだけで事件でもある。彼女は「ミニスカ右翼」として一世を風靡することになる。

しかし、結局著者は、最後に右翼の天皇制賛美と静かに決別する。なにかが違うという自分の思いを大切にしたい彼女は、立ち止まる。走り続けられたらどんなにか愉快で、どんなにか気持ちがいいだろうに。オウム真理教に入って事件を起こした人たちは、立ち止まらなかった。著者雨宮は立ち止まって、考えている。彼女はここでやっと、依存しない生き方、自由な生き方への切符を手にしているのではないかと思う。

右翼だろうと、左翼だろうと、オウムだろうと、一つの思想の中にどっぷりはまれば、「救われる」ことは間違いない。著者は「救われない」ことを選んで、次なる行動を起こす。スピード感あふれる怒濤の文体は、彼女の「次」を期待させる。

一つだけ気になることがある。

著者は、「ミニスカ」を、わかりやすい商標として利用しているだけなのだろうか。好きで「ミニスカ」ならばそれはかまわない。しかし、国家なんかに興味を持つ若い女が珍しがられていているだけだとしたら、若い女を尊ぶバカな男たちに媚びることはない……と思う。

＊ 雨宮処凛『生き地獄天国』太田出版、二〇〇〇年

見た目優先社会に風穴を

大塚ひかり『太古、ブスは女神だった』

「美人論」はあまた数あれど、「ブス論」は難しい。特に、フェミニストとしては、美醜に拘《こう》泥《でい》したくないし、「ブスのひがみ」だと思われたくはない。だから、文化相対主義ではないが、美醜なんて、「時代や地域で変化する価値」であると断罪するのが精一杯だった。そんな「時代や地域で変化する価値」をまるで自明のことのように固定化し、女性を抑圧するような言説（一部の美人論を含む）を垂れ流すのは、おかしいと細々と反論するだけだった。

しかし、この著者のスタンスは違う。

時代によって美の基準が違うとしても、男にも女にも美と醜はある。古くは、記・紀神話の時代から、平安文学、中世のおとぎ話、狂言、江戸文学から現代マンガにいたるまで、日本の物語は美と醜を主題にした物語の宝庫なのである。

それならば、美女美男・醜女醜男がそれらの物語の中にどのように取り上げられているのか、その変遷をたどるのが本書の「ブス論」の手続きである。

キーワードは「醜パワー」。

日本最古の醜女、イザナミの醜パワーはすごい。ウミだらけのウジだらけの醜さも壮絶なのだが、なによりも驚くのは「あなた（イザナギ）の国の人間を一日に千頭くびり殺す！」と人類に呪いをかける、その醜パワーである。そのせいで、人間は誰でも「死ぬ」という運命をたどることになったのだという。

また、醜パワーはもともと「死に由来する概念」であると著者は指摘する。それゆえ、誰も逆らえない「死の力」というところから、「醜」には、頑丈で力強いという意味が生まれたのだという（実際「醜女」はともかく、「醜男」は、現代でも力持ちの男丈夫たちのことを指す言葉らしい）。

イザナミがイザナギに差し向けた「戦う女たち」は黄泉の国の醜女だし、神話に出てくる大国主命の別名「葦原醜男《あしはらのしこお》」は、「日本の戦う男」という意味なのだそうだ。

しかし、醜パワーの強さも時代とともに変化していく。なかでも『源氏物語』に登場する醜女たちの分析はするどい。ブスでも「夫に従順」、「夫以外の男とセックスしない」、「嫉妬深くない」という、男に都合のよい性質を持っていれば、男に愛されるようになるのである。

そこには醜パワーと呼べるものは少ない。また、小野小町零落説話というものがある。あの美人だった小野小町も晩年は非常に醜い老婆になっていたというものなのだが、それが示すように、女性の美も才も、いつかは老醜にとって替わられるはかないものだと軽んじられるようになっていく。

人間の価値に美醜は関係ない、要は心や精神の問題である――とするような「反‐美人論」の落とし穴が、ここではさらりと指摘されているように、私には思える。第一、誰にとっての心や精神なのか。『源氏物語』でのように、男の都合のよいようにふるまえるブスが、わがまな美人よりも愛されるのでは、どうしようもないのではないか。また、「心の美しいブスが良い」という安易な「反‐美人論」は、「心の美しいブスより、心の美しい美人のようが良い」という論理に簡単に潰されてしまう。

見た目優先主義の現代社会では、男も女も自己の美醜にこだわっている。しかし、やはり一番美醜を問われるのは女であり、ブス論は女性の問題（地位や立場、差別）をあぶり出す格好の論でもある。

醜パワーという視点から見れば、「人間は見かけじゃない」とか、「美の基準は絶えず変化する」というような言い方は、気休めにすぎなかったということがよくわかる。現代社会は醜のパワーを忘却したかのような社会だ。自称ブスが整形番組に殺到し、同じようなぱっちりお目々になってにっこりほほ笑む。痩せ薬を飲んで、死んだ女性もいる。もう一度、この社会に醜パワーを取り戻せば、この見た目優先の社会に大きな風穴が開くだろう。
ブスでもいい。いや、ブスがいい。
ブスだからこそ、持っている力があるのだから。

＊ 大塚ひかり『太古、ブスは女神だった』マガジンハウス、二〇〇一年

人生相談という「現場」

連城三紀彦『愛へのたより』

のっけから相談者に対して厳しいもの言いが並んでいる。人生相談というのは、もう少し「そうですか、大変ですね」的な無難なアドバイスが続くと思っていたら、とんでもなかった。この本の連城三紀彦の回答は明快、的確で、なあなあ的共感が入り込む余地はまったくない。共感が示されるときは、著者自身の介護体験からだったり、家族の問題の実体験からだったりして、気迫に満ちたものである。

が、全編のバックに流れるのは、著者の相談者に対するある種の「いらだち」である。あとがきにあるように、著者も人生相談の実態を「愚痴のはき出し口」と自覚しているのだろうが、やはり一人ひとりの人生を、数枚の原稿用紙の回答でなんとか力になってあげるというのは、不可能に近い。その「いらだち」が、著者の厳しいもの言いに、表れているような気がする。

「結婚も仕事もそれに踏み切った以上自分の選択であり自分の責任だと考えてください」と

いう回答もある。その言質は、反ラディカルフェミニズムの人たちの言い方にとてもよく似ている。自分で選びとった以上、自分の責任だ、と。しかし、その言葉は、相談している女性への単なる非難に終わらない。続いて、その女性の持つ矛盾や依存心を相談の手紙から見事に解析してみせるさまは、手練の技である。はじめ、相談者の手紙に同調して一緒になって怒ったり嘆いたりしていた読者は、回答を読むたびに自分がひっくり返され、自分の知らない自分について思い知らされるだろう。それは、整体や鍼を受ける経験のようで、一瞬痛いけど後はずっと楽になる。恨みつらみに身の置き場のないような、そんな気持ちであっても、すーっとほぐれる。

フェミニズムは、その恨みつらみを持つ女の人たちに「あなたが悪いわけじゃない」と言ってきた。女は、社会から受け身であるように強制され、自分の頭で考えることを抑制されてきた。そのときの抑圧の手段が「お前はダメだ、お前は間違っている」という自己否定を促すような恫喝だった。だから、フェミニズム的には、女性の人生相談はまず、そんな抑圧について、一つひとつ丁寧に分析していくことになる。私はダメな人間だと思っている人に、そうではないということを伝えることが、最初の一歩となる。

しかし、いまここで、姑と上手くいかない、介護の手が足らない、夫が浮気をしている、子どもがいじめにあっている……という人に「あなたは悪くない」と言うだけでは無力だ。人生相談という「現場」は、女が自己肯定したところですぐに変わってくれるようなヤワな現場ではない（それに、長年培った自己否定の感覚すらも、そんなにすぐに変化してくれないのだから）。一番変えたい相手は、相談には来ないのだから、現実問題として相談に来た人に変わってもらって周りをも変えていくしかない。そのことを著者はよく知っている。

厳しいもの言いではあるけれど、相談者の状況をよく理解して忍耐強く説明し、忠告する著者は愛にあふれている。タイトルは『愛へのたより』であるけれども、私には『愛（=連城三紀彦）からのたより』と読めた。

それにしても、同じ年代の男性はこのような人生相談は必要としていないのだろうか。そしたら、著者は女性相談者へと同じように、厳しい回答をするのだろうか。

いつか連城三紀彦の「男の」人生相談を読んでみたいものである。

＊ 連城三紀彦『愛へのたより』文化出版局、二〇〇〇年

わずか数世代前の女の人生

向谷喜久江『よばいのあったころ――証言・周防の性風俗』

こんな本に出会うことがあるから、古本屋はおもしろい。

中年に差しかかった私から見れば、祖母たちや祖母たちよりも少し上のたかだか三世代、四世代前に生きた人たちの聞き書きである。夜這いをはじめ、若衆宿、結婚、堕胎、出産という性にまつわる話と、食事など日常生活についての話を集めている。

本当に、たった、一〇〇年から二〇〇年でこんなに変わってしまうものかと、驚くことばかり。この本を読めば、夜這いは、男性に都合のよいばかりの、無法なセックスやりまくりシステムではないということがよくわかる。女性は夜這いに来た男性を断ることもできる。

ある程度は、民俗学の本などで知識があった。しかし、のんびりの山口弁そのままの言葉が書きとられていると、そのリアリティにハッとしてしまう。「お前ら若い者が、夜這いにもこうで（来ないで）どうする。ちいったあ（少しは）うちにもこい。じゃがの、子種だけは置いていってくれるな」と、娘のところに夜這いが来ないことを心配する父親がいたりする。夜這いは結婚につながる地方もあったし、結婚とあまり関係のない地方もあったが、なによりそのシステムを共同体がしっかり監視しているという意味では、現代における「フリーセックス」の対極にある。

もちろん、夜這いにはきちんとした流儀があって、最初からセックスとはいかない。第一、同じ部屋の中のとなりにはその娘の家族が眠っているのだから！　娘に騒がれたら家から追い出されてしまう。はじめの日は布団の隣に入り込んで、ただ時間を過ごさせてもらう、次の日にはちょっと触る……というふうに日にちをかけて、目当ての娘と関係を深めていくわけだ。その面倒な手続きを経て、夜這いは完遂される。出会ってすぐにセックスというようなことではない。そして、いったん結婚をして相手が決まると、わりに一夫一婦を守ったようである。

いまの不倫流行りの風潮からいうと、なんともうらやましいような気がしないでもない。若いときにセックスをちゃんとすれば、セックスに対して「もっと良いものに違いない」とか「こんなはずではなかった」というような過剰な期待を抱かずにすむかもしれない。「セックスとはこんなもんだ」と納得して結婚すれば、セックス幻想に振り回されずにすむのではないか。結婚した後々まで、不倫に励んだり、ポルノ漬けになったりしなくてすむのではないかと思ったりもする。

では、夜這いのあった時代が良いかというと、それは短絡というものだ。

この本には、堕胎や間引きの話も出てくる。素人堕胎で死んでしまう女性の話、生まれた赤ん坊を不義の子だからと間引く話。実際に話者の身近で起こったという間引きの話もある。生まれた赤ん坊に臼をのせて圧殺するというのだが、臼をのせたという伯父の話に駆けつけてみれば、臼の下で赤ん坊はまだ生きていた。「えかった、えかった。せっかく生まれてきたんじゃもんのう、すまんかった、すまんかった」、「こりゃ男の子じゃけ、大切に育ててやるでぇ」と言われて、その赤ん坊は生き延びて跡取りとなる。八十二歳の当時、赤ん坊のときの臼のあとが額にあったという。

日本が豊かになって良かったと思うのは、そんなときだ。間引きがなくなること、堕胎によって死ぬ女性がいなくなること。それは大切なことで、昔に戻ろうとは思わない。

しかし、この本は、いま、ここで私たちが当たり前だと思っている「性」の文化が、たかだか数十年長くても一〇〇年くらいのものだと教えてくれる。そして、連綿と続いてきた豊かな「性」の文化は失われて久しいのだ。純潔主義でもなくて、「フリーセックス」でもない複雑で豊かな「性」のシステムは、もう復権しないのだろうか。

＊　向谷喜久江『よばいのあったころ――証言・周防の性風俗』マツノ書店、一九八七年

「女である」ということ

ショスタック『ニサ——カラハリの女の物語』

もし、無人島に持っていくなら、どの本だろうか。

十冊持っていけるなら、必ず入れたい本がある。いろいろなところで取り上げているので、またかと思われるかもしれないが、ショスタック著『ニサ——カラハリの女の物語り』である。版元がなくなってしまったので、古本でしか手に入れることはできないのが残念だ。挫折した人類学徒である私は、この一冊のせいで、人類学への未練を絶ち切ることができないでいる。

大学で、人類学なんてもういい、もうダメだと落ち込んでいたとき、この本に出会った。実際に私は博士課程への進学希望を取り下げていた。そんなとき、尊敬するK教官がこの本のことを教えてくださった。「こんなのが、書けるといいんやけどな。書けるか?」と。

こんなの? 修士論文に四苦八苦していた私は、飛びついた。先生、私にこんなの書けるわけないやん……、というのが、正直な感想。だめだ、こんなの書けないと放り出して、一年ほどたったある日、私はこの本に再挑戦した。すでに私は、一人のフリーターでしかなく、人類学とは遠いところにいた。

今度は物語が容易に、するすると私の中に入ってきた。著者ショスタックと、語り手のニサの関係の変容も、あますところなく描写されていて、「ただの他人」、「好奇心の強い白人」でしかない読者は、ショスタックが「これからの人生でふりかかってくるかもしれないことに対して、わたし自身が心の準備をするのに力ぞえを必要としている子供になった」のと一緒に、話に聞き入る子どもになる。私は、人類学者としてこの本を読むことはできなかったのだが、生き難く存在している一人の若輩の女として、ショスタックとニサの間に座り彼女たちの話に耳を傾け続けた。

「ハームレス・ピープル」（悪意のない人びと）と呼ばれ、およそ暴力とは縁がないカラハリのクンの人たち。しかし、ニサの人生は、喪失の悲しみに彩られていて、ある意味で過酷だ。子どもたちは皆死んでしまった。ニサの人生が楽しくてハッピーだとは決して思えない。思えないのだが、ずしんと残るなにかがある。

ショスタックのもともとの質問は、こうだ。

「あなたにとって、女であるということはどういうことなの？　あなたの人生の中で、どういうできごとが重要だったの？」

ショスタックの質問は、「カラハリでクン族の女であること」を超えて、時空を超えていまここで生きる私の「女であること」へとつながっていく。普遍的な「人間であること」、「女であること」の核心に触れる瞬間がある。

それがわたしの暮しなんだ。そういう暮しかたをしているし、わたしはそういう女なのさ。いまでも何人も愛人がいて、いまでもいろんなことをやってるよ。わたしは暮らして、暮らして、今は年をとった。いまはおばあさんだから、いろんなことを知ってる。ずっと昔に、みんながわたしの前でしゃべったことや、自分の目で見たことをね。あんたに話したのはそういうことだし、あんたがここを発つときにわたしから受け取るのは、そういう話なんだよ。

ニサは、最後にそう言う。
ニサの目を通して、ショスタックへと語られた話は、遠く遠く私のもとへと届いたのだった。カラハリの地で女であること、日本で女であること。「女であること」は、それぞれに違うのだけれど、違ってもなお「女であること」は、静かに共鳴する。それは「人間であること」よりも、具体的であり身体と切っても切れないようなあり方だ。ニサは、おばあさんになった自分だからいろいろなことを知っているという。そして、ショスタックに誇りを持って、自分の人生の物語を手渡す。

私がいつかおばあさんになったとき、私の人生の物語を、私は誇りを持って誰かに手渡すことができるのだろうか。「女であること」を誇りを持って、語ることができるのだろうか。

＊ マジョリー・ショスタック著、麻生九美訳『ニサ――カラハリの女の物語』リブロポート、一九九四年、入手不可

マンガの女たちを読む

私は小説が苦手だ。これだけ書籍のエンゲル係数（書籍購入費／全収入）が大きいというのに、購入する小説の類はごくごく少ない。国語の時間の後遺症だと、私はひそかに思っている。私は現代国語は不得意ではなかったが、それは私が「出題者の意向を読む」ことに長けていたずるがしこい学生だったからに相違ない。自分自身の視点で、小説を読むことと「出題者の意向」はことごとく異なっているのだから、テストで良い点数が取れても私は現代国語が好きではなかった。

中でも、夏目漱石の『こころ』には憮然としたものだ。いまでは、その不愉快さが「私」と「先生」のホモソーシャルな関係（女性を媒介にして、男性同士で関係を深める）＊に端を発しているとわかるのだが、当時はその不愉快さを説明する言葉がない。これが名作だなんて、女をバカにしているといきりたつだけだった。その怒りは国語の教師にはまったく通じなかった（いまとなっては、『こころ』を評価する視点も理解できるのだが）。

だから、私は小説に没入することが苦手になってしまった。あのとき、夏目漱石の『こころ』に描かれたホモソーシャルな関係について議論してくれる教師なり友人なりがいたら、こんなに小説嫌いにはならなかったのではないかと思ったりもする。

しかし、いくつかの例外はある。

幼いころから親しんだSF作品、子ども向けの児童文学などがそれである。それらに共通しているのは、男と女の機微が物語の主要なテーマとなっていないことだ。小さいころから、「女であること」が引っかかっている私には、男女の機微が苦手だ。実生活ではもちろん、物語中の惚れた腫れただけの話が退屈でしかたなかった。どうやって世界と折り合いをつけるか、どうやって生き延びるかという物語のほうが、この偏屈な私を引きつけたのは仕方のないことかもしれない。

恋愛よりは友情を、逢瀬よりは祭を。

＊ ホモソーシャルな関係は、ホモセクシュアルな関係とは違う。男性同士の関係から性的なものは排除され、女性へと性的な欲望を差し向ける同じ男としての連帯によって、男同士が結びつく。この関係において、女性は、男性と男性を結びつけるためのきっかけであり、単なる欲望の表象でしかない。ホモソーシャルについて詳しいことは、セジウィック著『クローゼットの認識論』（外岡尚美訳、青土社、一九九九年）。

インセストからの／への跳躍

由貴香織里『天使禁猟区』

　このめくるめくマンガ『天使禁猟区』の縦糸にあるのが、インセスト（近親相姦）である。インセストを禁忌とし社会を作り出したことで人間は人間たりえた……というのが、長らく信じられたインセストについての見解だった。身内の女性を外部へと婚出させることで、身内と身外は区別されて社会が秩序を持つというわけである。インセストタブーは、人類に普遍の原則とされている。

　しかし、主人公の男子高校生刹那《せつな》は、実の妹・沙羅《さら》への思慕に身を焦がしている。それもあろうことか彼らは結ばれてしまう。インセストタブーを冒すわけである。このことによって、その後なんども彼らは責められ、罪を問われることになる。

　きょうだい間のセックスをはじめとしたインセストが禁忌なのは、なぜなのだろうか。読み進めていくうちに、いつのまにか刹那や沙羅に感情移入した私の中に、「なんでインセストがあかんねん?」という疑問がむくむくとわき起こった。「ええやん、あんなに好きおうとるのに!」と思うではないか。

冒頭にあげた人類学者の見解は、「いま、ここ」できょうだいとインセストをしようとする人間の歯止めになんかならない。社会? なにそれ? だ。そして、私も実はこのマンガを読んだ後は、「好きならええのんちゃう?」だったりする。ただし、保留つきだ。

生物学的な観点からインセストを考えてみよう。生物学者のインセストタブーの説明はわかりやすい。哺乳類には「近交弱勢」という現象が非常に顕著に現れる。近交弱勢とは、血縁が近い者同士の交配において、生存に不利な形質を持つ個体が生まれやすいということだ。哺乳類何種かの平均では、親きょうだいとの交配で生まれた子どもは三分の一が致死的変異を持つらしい。生まれた子の三人に一人が死ぬ計算だ。で、親きょうだいとのセックスを避ける傾向を持つ人が生き延びていき、それが、「インセストタブー」となったという。だから、幼い時期に濃密な接触があった人間同士には性愛への欲望が育ちにくいという性向が、人間にはあるらしい(だから、刹那と沙羅のお母さんは、二人を引き離しちゃダメだったのだ)。

物語の後半、沙羅は想像妊娠しているが、実際に妊娠することはなかった。本当に好き合う者同士の「愛の結晶」が二人の赤ん坊ならば、彼らもそれを欲するのなら、インセストはやはり悲劇になるのかもしれないが、現実の二人の赤ん坊は、この物語からは排除されている。沙羅の意識は常に生まれていない赤ん坊へと、差し向けられてはいるのだが。一方で、天使たちのインセストによって生まれる子どもたちが描かれている。そして、その物語は儚く悲しい。それは一つの寓話でもある。

この一大スペクタクル作品の後半において、インセストの物語は次第に薄まっていく。前世や因縁、黄泉の国からの生還によって二重三重に紡がれる物語は、きょうだいとして生活した現世の短い時間など吹き飛ばしてしまうほど複雑で重たいのだ。その重さをじっくりと受け止めて、あのラストシーンがあるのだから。

しかし、薄まっても隠れたように見えてもインセストというテーマは全編に響き合い反響しつつ、荘厳ともいえるこのマンガを彩る。誰かを好きになることは、単純でわかりやすいことのようだけど、セックスが絡む複雑怪奇なシステムでもある。あまりにも遠い存在には、愛情を感じることはあっても、それが性愛へと結びつくことは難しい。たとえば、飼い犬に深い愛情を感じていても、セックスをしたいという欲望は別のところにある。遠すぎず、近すぎずというのが、我々の持つ性愛のシステムであり、私たちは同類（ただし身外）とのセックスをすることが多い。

インセストタブーは、異類婚の禁止と表裏一体であり、セックスの欲望が他者に対して同類か異類か、身内か身外か、そして男か女かの濃淡を作り、私たちの周りに秩序が生まれる。

それでも、人類の起源神話にきょうだいの物語が多いのはなぜだろうか。そもそも、創世神話の多くがきょうだい婚によってはじめられるのはどうしてだろうか？

学者はそれを、人類の人口が一度極端に減少したことがあって、そのときに、インセストによって人口を復活した過去があるからではないかという。たしかに、ほかの哺乳類と比べて、人類の遺伝子のバリエーションは多くないし、健康な普通の人間が致死遺伝子を持つ確率は非常に高い（このことがネックとなって、インセストによる近交弱勢がおこるわけだ）。滅びるよりは……という決定的な動機が、人類をインセストへと駆りたてたのだろうか。

インセストへの憧憬と忌避。その両極へと気持ちが揺れながら、刹那と沙羅を応援している私がいた。刹那と沙羅こそは、現代の創世神話にふさわしい。

もっとも私のインセスト像などは、まさに「机上の空論」。男きょうだいどころもいないし、男のいとこともまったく疎遠な私は、実感として感じることもないし、ましてや実際に見聞きしたこともないのだから。

しかし、たまに、都会へと足を運ぶとき、私は奇妙な錯覚に襲われる。とてもよく似たファッション、同じような髪の色をした双子のようなカップルたち。彼らは即席のきょうだいのように、似通っている。世の中は、インセストに満ち満ちているのか？

恋愛というテーマが、「生きること」の中に、大事件として浮上してきたのはいつからだろうか。人間関係が狭まり、地域は崩壊し、親族関係からも放逐された核家族が「愛の家族」などというおためごかしで祭り上げられたのは。もともと、さまざまな人間関係の中で蕩尽《とうじん》されるはずだったエロスを、一対の男女の中に、わっせわっせと押し込めてそれでコト足れりとしたのは、女を一家の家政婦（家族専用の奴隷）としてつなぎ止めておきたかった資本主義社会の罠なのではないか。

せっせせっせと詰め込まれたエロスが発酵していき、対の相手が親密性のもっとも高い「身内」になるにしたがって、彼らがセックスレスになるのはむべなるかななのである。結婚してからきょうだいになるか、最初からきょうだいか。どちらもインセストであると言えば、言える。

一方の、刹那と沙羅は、きょうだいにおけるセックスを堂々と実践する。それは、彼らの倫理では悪いことではないし、恥ずべきことでもない。嘘偽らざる愛の行為である。そこにはインセストへの後ろ暗い思いはなく、ただ純粋に愛し相手を欲するという思いがある。欲でもなく、打算でもなく、もちろん、快楽だけのためでないセックス。

結婚してからきょうだいになるセックスレスの人たちの問題は、実は、その人たちだけに原因があるのではないことが、この物語を読めばわかる。この物語において、刹那と沙羅をとりまくいろいろな人々との濃密な関係。吉良先輩との、九雷《くらい》との、加藤との、エロスがほとばしるような生き生きとしたつながり（裏切りも、妬みもあるのだが）が、刹那と沙羅をこんなにも生かしている。

インセストに逃避してもよし。インセストから逃避してもよし。

肝心なのは、きょうだいであるというカテゴリーの問題ではないのかもしれない。私と、あなたが愛し合う。唯一の倫理は愛する人と肌を重ねること。

私には、まったく遠い風景になってしまったような気がする純粋な世界。

その世界の在り処を、刹那と沙羅は、インセストという闇から逆照射してくれたような、そんな気がしている。

＊　由貴香織里『天使禁猟区』全二〇巻、花とゆめコミックス、白泉社、一九九五―二〇〇一年

「二十四年組」のいま

少女マンガで、二十四年組と呼ばれる作家たちをご存じだろうか。昭和二十四年前後に生まれ、一世を風靡し、少女マンガ界を牽引してきた彼女たち。彼女たちも、いまや五〇代。「少女」とはほど遠い年齢に差しかかっているが、創作意欲とクオリティーの高さは昔のまま、いや、昔よりもさらにグレードアップしている。

その二十四年組の一人、萩尾望都の『残酷な神が支配する』[1]という長編が完結した。義父に性的虐待を受けた少年の内面を丁寧に描いた作品で、心的外傷からの回復の物語でもある。「少女マンガ」というのに、主人公は男の子だ。が、それが違和感なく読めるのは、主人公ジェルミの体験が、私たちに近しいものであるからだ。

性的虐待の経験のあるなしに関わらず、このマンガの中で語られるジェルミの体験は、生々しくリアルに読み手の心に響く。暴力と、愛と、性とが絡まった複雑な糸を丹念にほぐしながら、ジェルミの回復と成長が示される。私も、その絡まった糸を持っている。暴力を愛と錯覚したりする一方で、暴力のような形で表現される愛もある。そして、性と愛はさらに混同しやすいものであるし、性と愛が手をたずさえて同時に存在するような幸せな一瞬もある。

暴力と愛と性が、人生の足もとにぽっかり穴をあけている。いつも。その穴につまずきながら生きてきた人間には、ジェルミの苦しみ、痛みは自分のことのように思えるのではないだろうか。

もう一人の二十四年組の大御所、山岸凉子の新刊も出ている。少女マンガとはいえ、連載媒体は本好きの大人向けの『ダ・ヴィンチ』（メディアファクトリー）という雑誌。『舞姫 テレプシコーラ[2]』は小学五年生の女の子が主人公のバレエマンガだ。女の子たちの自己実現と、そのための努力、バレエへの情熱が心地よい。山岸凉子には『アラベスク[3]』というバレエマンガの古典があるけど、今回は舞台が日本。より身近な、どこのバレエ教室でもありそうなお話であるところが、親しみを感じさせる。

もっとも、普通のスポーツ根性ものとはまったく違う。才能と努力が一流への道を開くのだが、ここに描かれるのは、老いることとの残酷さであり、生まれ持った身体とのかかわり方であり、そして、飽食ニッポンにおける「貧困」である。老醜と貧困の物語は、一人の女の子を中心にまわっていく。

須藤空美《くみ》という小学生の女の子がいる。この陰の主役とでもいえる空美は、不細工に描かれる。バレエの技量はとんでもなく素晴らしいのに、その「ご面相が……」という設定。そして、アルコール中毒で暴力をふるう父親と生活苦に押し潰されそうな母親と、もとプリマだったという叔母の美智子。空美は、レオタードやバレエシューズを買うお金が欲しくて、児童ポルノの被写体のアルバイトをする。そこには、貧困、暴力、性の商品化の問題がこれでもか、これでもかと登場する。

中でも、もとプリマだった美智子の情け容赦のない描写に、私は、山岸凉子の初期の作品『天人唐草』(4)の主人公岡村響子の解放された姿を重ねてしまう。狂気の中で解放された響子と、プリマとして一時代を築きながらも、身体の衰えには勝てなかった美智子はぜんぜん違う存在なのかもしれない。しかし、「女であること」にこだわった二人の姿が、実はとても似ていることに私は驚きを隠せない。「女であること」を上手く納得のいく形で作れなかった響子は、年齢を重ねていく中で「女であること」と折り合いをつけられなかった美智子と瓜二つだ。ひらひらのフリルのドレスとど派手な化粧。それらは、「女であること」を保証するもっともわかりやすい記号である。そして、それは一歩間違えれば(響子や美智子のように)、狂気の記号でもある。

「女であること」とどうつき合っていくかを考えると、今でもまだ、その問いは胸の中でトゲのようにちくちくと私を刺す。幼い女の子たちは、無邪気にフリルのドレスのお姫さまを描くのだけど、現実の世界では一生フリルのお姫さまですごすわけにいかない。どういった女がいいのか。どういった年の取り方ならいいのか。

少女マンガなんて、どうせ女の子の淡い恋心やオシャレへの欲望を満たすだけのもの……などと考える人は、いまや絶無だと思うが、二十四年組の健在ぶりを見ると、改めて少女マンガが切り開いてきた表現の沃野に驚かされる。

若手の作家ももちろん育ってきているし、素晴らしい作品も多い。しかし、子どものころむさぼるように読んだ二十四年組の作家さんたちの作品を、大人になっても読めるのは、なんてぜいたくでなんて幸せなことなのだろうと思う。同時代に読み味わうことのできる希な幸せを、私は享受している。

「女の子」の内面は、恋だけじゃない。性に対する興味、おののき。自分が自分であることの難しさと、自己実現の喜び。老いて病む身体の響き。

母の人生と自分の人生を重ね合わせたり、そして少しずらしていったりしながら、「女」であることを考える。

少女マンガは、私の最良の人生の師でもある。

（1）萩尾望都『残酷な神が支配する』全十七巻、ＰＦコミックス、小学館（連載は一九九二－二〇〇一年）

（2）山岸凉子『舞姫　テレプシコーラ』一－三巻、ＭＦコミックス、メディアファクトリー（連載は二〇〇〇年－連載中）

（3）山岸凉子『アラベスク』一部全二巻、二部全二巻、白泉社文庫（一部が一九七二年、二部が一九七四年連載開始）

（4）山岸凉子『天人唐草』文春文庫、一九九四年（初版は朝日ソノラマ、一九八〇年）

男性向けマンガの中の女性

私は、男性向けのマンガだって大好きだ。親の教育方針でマンガを買えなかった子ども時代、新刊本屋の店先や病院の待合室などに置いてあるマンガを何でも、それこそむさぼり読んできた。そのせいか、どのジャンルにも違和感を感じることはない。それでも、少年マンガに描かれた女性像にはがっくりしていたものだ。『あしたのジョー』[1]や『空手バカ一代』[2]は、格闘技好きの私にはバイブルのようなものだが、そこに描かれる女性は、時代の制約もあってか実に古典的な日本女性であることが多かった（『空手バカ一代』の芦原先生の奥さんは、十分に魅力的な人ではあるが）。私は、ジョーになりたいと思ったが、女性の登場人物に「なりたい！」と思わせるような人物はなかなかいなかった（白木葉子は勘弁してほしい）。

もっとも、女性をバカにするような、スポイルするような、性的対象としか捉えないようなマンガもいまだに山ほどある。

しかし、最近男性向けのマンガもちょっと変わったのかなと思うことがある。

少年誌に連載中の『ONE　PIECE』(3)。大航海時代を思わせる不思議な世界設定と、スタイリッシュな手足のひょろりと長い人物像。一つながりの財宝「ONE　PIECE」を求めて航海を続ける海賊たちの物語。海賊船ゴーイングメリー号の船長モンキー・D・ルフィーのもとに集う仲間に、ナミさんがいる。彼女は紅一点のこともあるし、ほかの女性が乗り組んでいることもある。

航海士のナミさんは、ゴーイングメリー号に欠かせない存在。海図のプロなのである。ナミさんには、「キレイな添え物」としての女の子のイメージも、「耐える女」とか「賄い婦」としてのイメージもない。勇猛、有能、遠慮なし。

しかし、驚くのは、彼女の表情の豊かさである。

ナミさんは美人なのだが、その表情の落差がすごい。ギャグマンガに慣れていない人が見たら、別人のように感じるかもしれないくらいだ。彼女は爆笑し、湯気を出して目を三角にして怒り、びっくりすれば白目をむきひっくり返る。ここまでやるか？とツッコミを入れたくなるほど、表情が豊かだ。そのリアクションは仲間の男の子たちとなんら変わらない。

昔のマンガでは、こうはいかない。マドンナと目される女の子は、人形のような表情で口に手を当てて笑い、怒るときは眉をひそめ、泣くときは涙が静かにほおを濡らした。同じ作品中の男の子たちが大口を開けて笑っていても……である。

本当は女の子たちだって、笑いたい、怒りたい、泣きたい。本物の女の子たちは、大笑いだってするし、怒り狂うこともある。わんわん泣いて収拾がつかなくなることもある。そんなの知らないというのは、そういう感情表現を異性の前でするのははしたないとされてきた女の子（もと女の子）とアナタがつき合ってきたからだ。「女の子は、かわいくないといけない」という規範は、女の子の笑い顔を上品にし、あまり怒らせないようにし、泣くときもさめざめと泣くように仕向けてきた。

そんな規範なんて、いらない。もちろん、ナミさんだって、さめざめと泣くときもあるけど、怒りをぐっとこらえるときもあるけど、それは、ほかの男の子だっておんなじ。ナミさんの魅力は男の子の前でも、のびのびと生きていることだ。

古き良き大和撫子が死滅してしまうとお嘆きだろうか。

男の前でも女がのびのびできなくては、そこには本当の友情は結べないと思うのだけど。

そして、もう一作。これは青年誌に連載された『最終兵器彼女』(4)。

「エッチなことがしたかったら、まず恋人に言え！　あたしに相談しろ！」

「に……人間ならだれだって好きな人とドキドキすることしたいに決まってるべや！」

これは、『最終兵器彼女』に出てくるまだセックスをしたことのない女の子「ちせ」のセリフである。このマンガは、タイトルのとおり自衛隊の「最終兵器」にされてしまうドジな女の子ちせと、その子に恋をする男の子のお話。

日常と戦争描写が混在する設定には目が回りそうになるし、それこそがこの作品のもっとも優れた部分の一つだろうとは思うのだが、私はこの「最終兵器」にされた普通の女の子の性に対する切実な思い、真剣さに深く共感する。

セックスしたことがない人間でも（女の子でも）、好きな人とエッチしたいと思うことはある。好きな人に触れるとドキドキして幸せ。その実感が、少女マンガ風の繊細な線で描かれている。

セックスという行為によって「子どもができる」ことがあるとちゃんと理解しているならば、そしてそれをコントロールできるならば、女の子が好きな人とはセックスしたいと思うことも当たり前のことだろうと思う。でも、エッチなことがしたいなんて、ちょっと前なら女の子のセリフじゃなかった。そういうことを堂々と言えたら、私も少しは楽だったのかなと、思う。

「好きな人とドキドキすることしたい」というのは、援助交際に走る女の子だって、おんなじ。「好きな人」に出会うと援交をやめる女の子も多いのだとか。そうだよね。「好きな人」とするほうが気持ちいいもんねと、思う。

不思議で不可解なのは、援交する女の子にお金を払う男たちの存在だ。「好きでもない」相手としても気持ちいい？　彼らは、「好きな人」とドキドキすることをしたことがないかわいそうな男たちなんだろうか。

いや、それとこれとは違うというのだろう。

酒の席で「未知の若い女性とつき合う醍醐味」について、えんえん聞かされたこともある。身銭をきって自分の幻想を満たしてなにが悪い、買うときは相手の女の子に恋をしているものさ、という。相手の女の子は、お金がもらえるからつき合ってるだけなのに。彼らの鈍感さには、絶望的なものがある。

でも、『最終兵器彼女』が連載されていたのは成人男性をターゲットとした青年誌だ。読み手の男性たちが、ちせの性に対する真摯な思いに、心を揺さぶられるならば、まだ世の中に救いはあるに違いない。

（1）高森朝雄・ちばてつや『あしたのジョー』全十一巻、講談社漫画文庫（連載は一九六八―七三年）
（2）梶原一騎・影丸譲也『空手バカ一代』全十六巻、講談社漫画文庫（連載は一九七一―七七年）
（3）尾田栄一郎『ＯＮＥ ＰＩＥＣＥ』現在二十七巻、ジャンプコミックス、小学館（連載は一九九七年―連載中）
（4）高橋しん『最終兵器彼女』全七巻、ビックコミックス、小学館（連載は一九九九―二〇〇一年）

あとがき

女性学と出会って、約十年になる。その前は、獣医学を学んでいたし、女性学と出会ったころは人類学、その後は生命倫理学を学んでいた。いばるようなことではないし、ここまで分裂したガクモン傾向は、むしろ恥ずかしいことなのだ。しかし、女性学だけは専門的に大学などで習ったことはないのだが、常に私の傍らにあった。

いま、私が一番力をいれているのは、女性学の立場からアニメーションやマンガを論じることである（大学などで非常勤で教えることにも生きがいを感じるのだが、それはまた別の科目なので、私の分裂気味のガクモン歴はもっと分裂してしまうのであった）。

今回は、さまざまな機会で書きためたエッセイをひとつにまとめておこうと思ったのが、そもそものきっかけなのである。

海鳥社の西俊明社長は、そんな私のわがままな願いを快く聴いてくれた。当時、同行した頸の据わらない赤ん坊をひょいと抱き上げてあやしてくれた姿が忘れられない。この人の率いるところならば間違いはないはずと思ったとおり、編集部の杉本雅子さんは、ほぼ全面書き直しというしんどい作業に実に辛抱強くつき合ってくれた。詰まったとき、書きあぐねたとき、彼女の投げた的確なボールは私のこんがらがった精神をときほぐしてくれた。今まで、ずいぶん多くの編集者と関わってきたように思えるが、彼女ほど直球をド真ん中に投げる人はいなかったように思う。それがまた刺激的で、勇気づけられ励まされ最後まで諦めることなく書き続けることができた。

それにしても、約束の期日をずいぶんとオーバーしてしまったものだ。西社長に抱っこされてご満悦だったチビは、いつのまにかそこいら中を走り回っているのだから。

連載という仕事は、私のような怠け者にとってはかなり辛いものである。しかも、生まれて初めての月刊、週刊となると、これはもう担当諸氏のお蔭で書き通せたとしか言いようがない。『月刊望星』の石川未紀さん、西日本新聞社の岩田直仁さん、堺成司さんには大変お世話になった。また、一人ひとりお名前をあげることはできないが、この本のもとになった文章にたいして、たくさんの方々から助言をいただいた。それらの方々に心から感謝している。

また、どこかでお会いしましょう。

二〇〇三年三月

村瀬ひろみ

初出一覧

フェミな日常

貧乏余ってタノシサ百倍　書き下ろし
アフリカのご馳走！『月刊望星』一九九八年一〇月号
「ガクモン」の役割『月刊望星』一九九七年一二月号
大いなる猥談『月刊望星』一九九八年七月号
キレイになりたい!?『月刊望星』一九九八年一二月号
スカート考『西日本新聞』二〇〇〇年一二月一日
女の子も主人公になる日『西日本新聞』二〇〇一年一月二六日
超能力者の友へ『月刊望星』一九九八年一一月号
振り上げた手をそっとおろすために『西日本新聞』二〇〇一年七月二七日
名前という問題『西日本新聞』二〇〇〇年一〇月二七日、二〇〇一年九月一四日
女性と逸失利益『月刊望星』一九九八年一月号
女に生まれてよかったですか？『西日本新聞』二〇〇一年六月二二日
障害者と差別『月刊望星』一九九九年一月号
女性型ロボットの未来『西日本新聞』二〇〇一年六月八日
「ブス」ですが、何か？　書き下ろし

フェミな身体

ウーマンリブと身体『月刊望星』一九九八年九月号
おっぱいの話『世界週報』一九九六年八月二〇－二七日
非日常と「祭」と身体『月刊望星』一九九七年一一月号
情報ネットワークと身体『月刊望星』一九九八年八月号
言葉と身体『月刊望星』一九九八年六月号
ダイエットしたがる身体『月刊望星』一九九八年三月号

視線の快楽　書き下ろし
お産する／しない身体『西日本新聞』二〇〇一年五月四、一一日
戦う身体『西日本新聞』二〇〇〇年一〇月六日
月経と身体　書き下ろし
脳死・臓器移植と身体『月刊望星』一九九八年四月号
代理母という身体　書き下ろし
つながる身体　書き下ろし
生老病死を生きる身体『月刊望星』一九九九年三月号

本への旅、本からの旅

フェミニズムを新書で学ぶ『論座』二〇〇二年七月
ノンフィクションで考える〈オンナ〉の未来『論座』二〇〇二年一〇月
日本初の女性学事典を読む『論座』二〇〇二年九月
自分探しの「過激な」旅路『週刊読書人』二〇〇〇年一一月一七日
見た目優先社会に風穴を『週刊読書人』二〇〇一年九月二八日
人生相談という「現場」『週刊読書人』二〇〇〇年六月二日
わずか数世代前の女の人生　書き下ろし
「女である」ということ　書き下ろし
インセストからの／への跳躍『天使禁猟区』第四巻解説、白泉社文庫
「二十四年組」のいま『西日本新聞』二〇〇一年七月二〇日
男性向けマンガの中の女性『西日本新聞』二〇〇一年二月九日、九月二八日

＊　収録にあたっては、初出をもとに大幅に加筆修正した

村瀬ひろみ（むらせ・ひろみ）
1966年福岡県生まれ。
著書に『フェミニズム・サブカルチャー批評宣言』(2000年)，『産みたい〈からだ〉— 助産院出産物語』(2001年，ともに春秋社)，共著に『ぼくの命を救ってくれなかったエヴァへ』(1997年，三一書房)，『ヒューマンサービスに関わる人のための社会福祉の学び』(文化書房博文社，2003年刊行予定）などがある。
無類の格闘技，武道好き。芦原会館山口支部所属。

フェミニズム魂《だましい》

■

2003年5月1日　第1刷発行

■

著者　村瀬ひろみ

発行者　西　俊明

発行所　有限会社海鳥社

〒810-0074　福岡市中央区大手門3丁目6番13号

電話092(771)0132　FAX092(771)2546

印刷・製本　有限会社九州コンピュータ印刷

ISBN 4-87415-438-7

http://www.kaichosha-f.co.jp

[定価は表紙カバーに表示]